A DONA DO NEGÓCIO

Caro(a) leitor(a),

Queremos saber sua opinião sobre nossos livros.
Após a leitura, curta-nos no facebook.com/editoragentebr,
siga-nos no Twitter @EditoraGente,
no Instagram @editoragente
e visite-nos no site www.editoragente.com.br.
Cadastre-se e contribua com sugestões, críticas ou elogios.

ULIANA FERREIRA

A DONA DO NEGÓCIO

Gente
AUTORIDADE

Diretora
Rosely Boschini

Gerente Editorial Pleno
Franciane Batagin Ribeiro

Assistente Editorial
Alanne Maria

Produção Gráfica
Fábio Esteves

Preparação
Carolina Forin

Capa
Vanessa Lima

Projeto Gráfico e Diagramação
Renata Zucchini

Revisão
Carolina Melo
Andréa Bruno

Impressão
Gráfica Assahi

Copyright © 2022 by Uliana Ferreira
Todos os direitos desta edição
são reservados à Editora Gente.
Rua Original, 141/143 – Sumarezinho
São Paulo, SP – CEP 05435-050
Telefone: (11) 3670-2500
Site: www.editoragente.com.br
E-mail: gente@editoragente.com.br

Dados Internacionais de Catalogação na Publicação (CIP)
Angélica Ilacqua CRB-8/7057

Ferreira, Uliana
  A dona do negócio: as ferramentas corretas para destravar o seu potencial criativo, posicionar de maneira única o seu negócio, conquistar liberdade financeira e se tornar a protagonista da sua jornada empreendedora / Uliana Ferreira. - São Paulo: Gente Autoridade, 2022.
  192 p.

ISBN 978-65-88523-29-2

1. Desenvolvimento pessoal 2. Negócios 3. Carreira I. Título

21-4730   CDD 158.1

Índices para catálogo sistemático:
1. Desenvolvimento pessoal 2. Negócios

Nota da Publisher

Não podemos negar: é muito difícil ser mulher, dar conta de tudo e ainda gerir um negócio de sucesso. Muitas vezes, acabamos misturando a vida pessoal com a profissional e quando menos esperamos os boletos estão empilhados, as dívidas do negócio estão altas e perdemos o controle da situação. *A dona do negócio* é um presente para você, pequena e média empresária, que se encontra nesse cenário e está decidida a mudar sua realidade!

A minha história com a autora, Uliana Ferreira, é bem marcante. Nos encontramos em alguns eventos e fiquei impressionada com a capacidade criativa e empreendedora desta empresária tão incrível. Mais do que isso: vi nela uma preocupação genuína de produzir e compartilhar conhecimento para que pequenas e médias empresárias estruturassem seus negócios e alcançassem um empreendimento sólido e lucrativo.

A missão de Uliana, no entanto, sempre foi muito maior. Com muita dedicação aos seus sonhos e projetos, criou a iniciativa chamada *A dona do negócio*, que também dá nome ao livro que você segura em mãos, e é a primeira plataforma de educação para mulheres empreendedoras no Brasil. Depois disso, Uliana não parou mais. Hoje ela organiza mentorias, cursos, palestras e agora coroa esta jornada tão linda com seu primeiro livro, uma obra para ajudar mulheres empreendedoras que desejam fazer decolar um negócio autêntico e único.

Aqui você encontrará muitas reflexões que a conduzirão para uma formação múltipla focando marketing, *branding*, planejamento e gestão. Mais do que um livro, *A dona do negócio* é um convite para você, cara leitora, mergulhar no autoconhecimento, traçar as estratégias certas para chegar ao topo e deixar o seu legado. A hora é agora, vamos juntas!

Rosely Boschini • CEO e Publisher da Editora Gente

Dedicatória

Aos meus pais, Maria Cerqueira e Romilton Soares, pelo dom da vida. Em especial, à minha mãe, por ser meu maior exemplo de amor, força e dedicação, guiando-me como um grande referencial de trabalho honesto e excelência profissional. Gratidão, mãe, por me apoiar e, acima de tudo, por me incentivar e me fazer acreditar que eu poderia ser tudo aquilo que quisesse ser, desde que eu fosse humilde para aprender e generosa em compartilhar. Gratidão, pai, por me ensinar como é importante ser leve e positiva diante das adversidades e como é importante nutrir relacionamentos de maneira atenciosa e genuína na vida pessoal e na profissional.

Ao meu marido, Jones Ferreira, pelo amor, companheirismo e toda paciência comigo nessa jornada de vida empreendedora. Meu amor, obrigada por acreditar mais em mim do que eu mesma. Com você, aprendo todos os dias a importância da família, de zelar pela saúde e de dosar o tempo de trabalho de maneira equilibrada e estratégica. Obrigada pela nossa princesa, Maria Luisa, que trouxe para meu mundo os tons de rosa e a doçura que faltavam para colorir minha vida. Você é meu ponto de equilíbrio, e sou muito feliz por dividir com você e com nossos filhos, Haniel e Maria Luisa, essa vida incrível.

A Haniel, meu filho querido. Você é a grande mola propulsora que me lança em busca dos meus sonhos, pois meu maior objetivo é que, um dia, você tenha orgulho da mulher que o gerou. Filho, eu admiro demais seu coração bondoso e seu jeito carinhoso! Nunca esmoreça na busca por seus sonhos. Você pode ser, ter ou fazer tudo que sonhar, só não se esqueça de lutar pelo que quer.

Agradecimentos

Minha eterna gratidão a todos os mestres que passaram por minha vida. Sempre quis ser professora e contribuir para a evolução de outras pessoas porque tive mestres incríveis que me mostraram que o mundo é muito maior do que eu imaginava.

Gratidão a Rosely Boschini pelo método incrível, capaz de extrair o melhor que existe em nós. Um agradecimento especial a Franciane Batagin e toda a equipe da Editora Gente pelo trabalho incansável em nos guiar para disponibilizar ao mundo um conteúdo capaz de transformar a vida das pessoas.

Sumário

- **12** Prefácio
  De Rosely Boschini
- **16** Introdução
- **26** Capítulo 1
  As adversidades do mundo empreendedor feminino
- **40** Capítulo 2
  Eu sei o que você sente
- **52** Capítulo 3
  O padrão não se encaixa em você
- **62** Capítulo 4
  Seja a dona do negócio!
- **74** Capítulo 5
  Identifique o inimigo interno
- **94** Capítulo 6
  Energia – um mergulho em você: sua principal força
- **122** Capítulo 7
  Evolução – desenvolva seu superpoder
- **148** Capítulo 8
  Estratégia – mostre seu poder para o mundo
- **172** Capítulo 9
  Deixe seu legado, mulher poderosa
- **182** Capítulo 10
  Escreva seu nome na história

Prefácio

de Rosely Boschini

Uliana começa esta obra poderosa com um relato honesto nos dizendo que, apesar de não ter nascido pronta para o mundo dos negócios, sempre teve dentro de si mesma a certeza de que nasceu para ser protagonista. E é assim que eu gostaria de iniciar este prefácio, contando para você que esse chamado é muito poderoso e não deve ser ignorado por nenhuma de nós.

Sabemos, entretanto, que a jornada não é fácil. Os percalços certamente virão, os problemas aparecerão e você precisará estar pronta. Ainda mais quando estamos falando de mulheres que se desdobram diariamente para dar conta de todas as tarefas da casa e gerenciar um negócio que será o sustento da família. Eu sei que talvez você esteja desanimada, frustrada e triste com os seus últimos resultados, mas posso afirmar com toda a certeza do mundo: você está no lugar certo para mudar esse cenário.

Como CEO e publisher da Editora Gente, já ajudei milhares de pessoas a transformarem a grande mensagem de suas vidas em um livro. Outras dezenas de vezes, precisei convencê-las do poder de impacto do seu conteúdo. Com Uliana Ferreira, no entanto, o processo foi bem diferente. Quando a conheci, encontrei uma empresária consciente de sua autoridade e capacidade de compartilhar seu conhecimento para ajudar outras pessoas. Realizadora, sempre planejou cada etapa do seu sonho, e o resultado está aqui: uma obra para ajudar mulheres a posicionarem o negócio de modo correto com autenticidade e estratégia, focando a melhoria e a otimização dos recursos que já têm à sua disposição.

Enquanto lia a obra para escrever este prefácio, me deparei com um trecho muito poderoso que gostaria de adiantar aqui para você, cara leitora:

==Tudo o que você deixará como herança neste mundo precisa ser construído agora: seus filhos, seu negócio, uma árvore frondosa, um projeto social, boas lembranças e histórias. Suas ações precisam ser direcionadas para o cenário que deseja construir. O melhor momento é este, o melhor lugar é aqui, e os melhores recursos são os que você já possui. A construção do seu legado não pode esperar.==

E, então, pergunto a você: o que é a nossa vida senão a construção do legado que deixaremos no mundo? O que seria de nós se não olhássemos com carinho para o nosso propósito e para as marcas que estamos deixando aqui? Quantos *sins* estamos dispostas a dar para os desafios capazes de mudar a nossa vida?

Publicar A *dona do negócio* foi recompensador; uma experiência que me trouxe satisfação e orgulho imensos, pois enxergo um trabalho muito bonito, fruto da dedicação e estudo dessa mulher tão bem-humorada, alto-astral e ligada aos seus sonhos. As dicas poderosas de Uliana se perpetuarão pois foram construídas a partir de uma metodologia que se mantém com o tempo, pois fala de diferenciação e posicionamento de negócios autênticos.

Você encontrará em cada capítulo uma jornada focando as adversidades existentes no empreendedorismo feminismo, passando pela metodologia 3Es e deixando um convite para que toda pequena e média empresária escreva seu nome na história. Aqui você aprenderá a consolidar uma marca no mercado com o seu jeito, conectando-a com seus valores que mais se destacam.

À medida que folhear e internalizar o conteúdo destas páginas, você também verá que, como Uliana sabiamente nos mostra, pensar em energia, evolução e estratégia – a metodologia 3Es – é olhar para si, identificar os recursos de que dispõe, desenvolver o seu su-

Prefácio

perpoder e definir a melhor estratégia para sua empresa. Você verá que ser a dona do negócio não é uma brincadeira nem um hobby. É uma decisão que você tomou para sua vida e precisa assumir para si, sobretudo porque esse conteúdo não apenas a capacitará para decolar o seu negócio, mas também para influenciar e apoiar positivamente todas as pessoas que estão ao seu redor.

Durante a minha leitura, fiz os exercícios para identificar os tipos de inteligência propostos por Uliana, e por mais que meu trabalho indique habilidades interpessoais, linguísticas e lógico-matemáticas, fui surpreendida ao descobrir as várias capacidades que posso explorar, e essa é a grande sacada desta obra tão poderosa. Ela nos ensina como enxergar o que temos de melhor – e que ainda pode estar inexplorado – para aplicar em técnicas de marketing, gestão de empresas e *branding*, ou seja, para desenvolver e escalar uma marca com propósito, e que leva experiência ao público.

O mais impactante aqui é a capacidade de Uliana de tornar a realização de sonhos de toda e qualquer mulher, esteja ela com poucos ou muitos recursos disponíveis, factíveis, reais. Com muita leveza e originalidade, Uliana Ferreira apresenta um livro que marcará o início da trajetória de sucesso de inúmeras empresárias Brasil afora que agora terão a oportunidade de se reinventar e ativar seus superpoderes para escalar sua empresa em um negócio sólido e lucrativo.

Tenho certeza de que você terminará a leitura de A *dona do negócio* pronta para mostrar o seu poder para o mundo e deixar o seu legado no empreendedorismo feminino! E não tenha dúvidas, Uliana Ferreira é a pessoa mais capacitada para guiá-la nesta jornada. Boa leitura!

Introdução

Quero começar este livro com algumas perguntas: você está feliz com o que faz em seu trabalho atualmente? Já se perguntou se tem, hoje, exatamente o negócio que imaginou quando decidiu que ia empreender? Está satisfeita com a empresária que é hoje?

Sei que, aí dentro, pulsa uma vontade de ser útil para o mundo, mas sei também que você acha que não fez o suficiente nem por sua família nem por seu negócio, então como ajudar o mundo? Acertei? E se eu disser que você tem um superpoder aí dentro? Não estou falando de um superpoder como os de filmes de heróis, mas um que vai permitir que as coisas finalmente entrem no eixo, que fiquem como você realmente quer.

Este livro é sobre isso. Ele mostrará como ativar esse superpoder que existe em você. Essa mulher que decidiu empreender para realizar sonhos, para conquistar a plenitude, ser livre financeira e emocionalmente e que, entretanto, também questiona: como afastar da mente tudo que me impede de acessar as respostas? Como construir o que desejo para minha vida?

Meu nome é Uliana Ferreira, sou fundadora da comunidade A Dona do Negócio, a primeira plataforma de educação empreendedora social feita por mulheres empresárias para ajudar mulheres em situação de vulnerabilidade a se libertar do cárcere e da violência por meio do empreendedorismo. Meu propósito, com este livro, é promover o autoconhecimento necessário para fazer de você uma mulher empoderada, livre, dona de um negócio de sucesso, pronta para deixar sua marca no mundo, influenciando positivamente e apoiando outras mulheres.

Nossa comunidade acontece em uma plataforma, uma grande biblioteca on-line composta de e-books e videoaulas sobre tudo que uma mulher precisa saber para empreender um negócio de sucesso. Periodicamente, novos conteúdos são publicados, além de serem realizadas aulas ao vivo mensais comigo e muitos convidados. Cada empresária que se torna embaixadora aprende, semanalmente, técnicas para alavancar seu negócio e ainda fortalece a corrente positiva de acolhimento e empoderamento de outras mulheres – a cada nova embaixadora que se torna parte da comunidade A Dona do Negócio, um programa de educação empreendedora é doado a uma mulher em situação de vulnerabilidade.

Quero apresentar a você como construí a mulher empresária, esposa, mãe, filha e ativista social que sou hoje e como você pode fazer o mesmo em sua vida. Não nasci pronta, a jornada foi longa e cansativa, mas sempre tive, aqui dentro, a certeza de que nasci para ser protagonista. Isso pode soar arrogante ou pretensioso da minha parte, eu sei, mas quero mostrar a você como é importante

Introdução

ser a principal admiradora de suas próprias forças e a estrategista perspicaz que consegue driblar as ameaças geradas por suas fraquezas e, assim, construir oportunidades. Sim, construir! Oportunidades não são portais mágicos que se abrem na nossa frente como nos desenhos animados. Oportunidades são como palcos: para ser protagonista, palestrante ou empresária, são necessários muitos dias de construção.

Aos 12 anos, eu disse à minha mãe, Maria, que gostaria de ser cantora, e ela, que nunca facilitou minha vida, mas sempre foi minha maior apoiadora, me colocou à prova para saber se eu tinha algum talento. Comecei a fazer aulas de canto, e o professor validou minha intenção, dizendo: "É afinada, mas precisa estudar". Agarrei-me com força àquele conselho e à lição que levo comigo até hoje: não basta ter talento, é preciso esforço para sair do lugar-comum.

Assim comecei a busca por construir meu primeiro palco. Estudei para desenvolver habilidades em todos os aspectos necessários para seguir essa carreira. Cantar exige múltiplos talentos, então estudei teatro, balé, maquiagem, etiqueta, passarela, interpretação, técnica vocal, além de ir ao colégio e praticar mais três esportes: natação, ginástica rítmica e vôlei.

Fui *backing vocal* para aprender a ser cantora e trabalhei com grandes nomes da música brasileira. Enquanto lutava por minha chance de brilhar, tive meu primeiro filho. Fui mãe aos 16 anos – engravidei na minha primeira vez – e contei com o apoio e o amor da minha mãe nessa jornada.

Minha mãe sempre foi meu maior exemplo de força e determinação e me ensinou com muito amor e dedicação a ser mãe solo. Criou meu irmão e eu absolutamente sozinha. Trabalhava no horário comercial como secretária executiva e, por ser muito competente e apaixonada por sua função, sempre foi contratada por grandes empresas internacionais para atender grandes executivos. À noite, a segunda jornada era na máquina de costura; costurava por horas a fio para garantir uma renda complementar. Com certeza, ela é minha maior inspiração como mulher, pois foi minha companheira na criação do meu filho e na vida.

Haniel, meu filho, meu anjo da guarda, sem dúvida, é o melhor projeto que já empreendi. Antes dele, eu era irresponsavelmente desapegada. Ele despertou em mim o senso de segurança. Quando soube que não estava mais sozinha e que alguém dependia de mim, decidi que precisava de um caminho sólido – diferente da carreira musical, que depende de muitos fatores externos que eu não poderia controlar para fazer dar certo.

O sucesso na música era uma incógnita, e eu era uma mãe solo vivendo na casa da minha mãe solo, com muitos boletos e fraudas para bancar. Precisava da segurança de um salário. Arrumei um emprego no horário comercial como vendedora em uma loja de shopping usando as minhas habilidades de comunicação e persuasão.

Foi nessa jornada no varejo, que era para ser o plano B, paralelo à música, que descobri minha grande paixão: **AS VENDAS**. Esse era um novo palco que eu construía diariamente, entre entender o ambiente, as pessoas, os números, minha energia e como me autogerenciar. Foi uma trajetória incrível de descobertas, construção e desconstrução a cada nova empresa, novo cargo, novo desafio, novo nível de liderança.

Meu desempenho com as vendas sempre foi excelente; eu era "batedora de metas", como dizem, obcecada por resultados, mesmo

Introdução

que eles custassem minhas horas de folga e o tempo com minha família. Eu era bastante impetuosa, procrastinava as tarefas de que não gostava, reagia muito mal a feedbacks e buscava o destaque e o poder da liderança. Obviamente, fui, sucessivas vezes, preterida a cargos mais altos. Eu não entendia por que não conseguia progredir, já que tinha números excelentes.

Refletindo sobre a jornada, compreendi que o jogo não está relacionado apenas a resultados, mas à capacidade de dominar suas emoções. E eu era uma estranha para mim mesma, não me conhecia e não entendia minhas cicatrizes, só me importava com o que era visível aos olhos. Compreendi que, para me tornar poderosa, a edificação não poderia ser de fora para dentro – não seria um cargo ou o reconhecimento externo que fariam eu me sentir assim.

E foi aí que o jogo virou. Passei a ouvir mais as pessoas e meus sentimentos, respeitar meu corpo, cuidar melhor de mim e, principalmente, investir em autoconhecimento, perceber meus talentos, estudar e praticar a fim de desenvolver todas as habilidades necessárias para me tornar uma líder de pessoas, não de números. Decidi me preparar para me tornar a mulher de sucesso que eu sonhava em ser.

Então as portas começaram a se abrir, e, de degrau em degrau, comecei a subir. De vendedora, fui a subgerente, depois a gerente. Foram muitos anos como funcionária em vários segmentos do varejo até dar início à minha vida empresarial. A transição de supervisora de uma rede de lojas de livros infantis para dona dela não foi fácil. Dormi gerente e acordei com uma folha de pagamento de doze funcionários e mais de 25 mil reais de aluguel em shoppings para pagar, fora todo o resto. Lembro-me, até hoje, do frio na barriga e do entusiasmo.

Foi ali que a mentora atenta a modelos de negócio começou a surgir. Quando assumi, as lojas tinham pouco estoque, muitos livros encalhados e zero de caixa para investir em mercadoria. A partir da estratégia de agregar um brinquedo ao lanche, muito conhecida nas redes de fast-food, repaginei todo o estoque encalhado agregando aos livros um pequeno brinquedo, que comprava a um custo muito baixo, e uma embalagem que lembrava um presente e consegui, assim, dobrar o preço dos produtos, aumentando o valor percebido e a velocidade de giro da mercadoria. Esgotamos os produtos em quatro dias.

Desde então, já são mais de dezoito anos de experiência no varejo, oito dos quais dedicados ao estudo do desenvolvimento das habilidades de líderes e equipes para atingir o mais alto nível de performance em vendas. Além de graduada em Administração de Empresas, hoje sou analista de perfil comportamental, tenho MBA em *Executive Coaching*, selo *Master Coaching* pela The Inner Game Institute, a escola de Timothy Gallwey, e certificações em Marketing e Vendas nacionais e internacionais. É claro que os títulos não fazem diferença se seu real valor não for apreendido. O crucial na construção de quem sou hoje, sem sombra de dúvidas, foi o quanto pude me conhecer durante a jornada para conseguir cada uma dessas certificações.

Posso afirmar com tranquilidade que, se você ainda não tem os resultados que deseja, é porque ainda não está pronta para eles. Os resultados começam dentro de você, e é preciso organizar as coisas de dentro para fora, pois, quando você muda, o mundo ao seu redor se transforma.

Neste livro, vou lhe mostrar como construir seu palco, assim como fiz ao longo de toda minha jornada até aqui. Não será uma

Introdução

tarefa fácil! A construção é um processo artesanal. Precisaremos neutralizar os sabotadores internos e externos e reconhecer, desenvolver e potencializar as habilidades. Construir grandes oportunidades não acontece da noite para o dia, e digo isso porque presenciei esse processo milhares de vezes.

Hoje, não sou mais cantora, não mais atuo em salão de vendas de shoppings, mas uso todas as habilidades que desenvolvi ao longo desse percurso para mentorar grandes líderes e treinar times campeões de vendas. Meu trabalho é transformar empreendedoras em empresárias de sucesso na vida e nos negócios, convertendo times comuns em times de altíssimo desempenho, com faturamento de milhões por ano.

Absolutamente tudo que vou mostrar nas próximas páginas é fruto das angústias vividas por empresárias na busca por transformar seu negócio em uma maneira de expressão e de liberdade. Foram técnicas desenvolvidas no campo de batalha, vivendo e aprendendo com a luta. Até o fim da leitura, você passará por um processo de ressignificação.

Para isso, seguiremos alguns passos. O primeiro a levará a entender os medos e angústias que a impedem de conquistar o que deseja sem julgamento, sem culpa, de maneira leve. Esse passo é fundamental para seu sucesso, mas é também o mais difícil. Se chegar ao fim desse desafio, certamente se apaixonará pelos demais. Comprometa-se a não abandonar a leitura, por mais difícil que possa parecer. Prometo que valerá a pena o esforço!

Em seguida, vamos definir quais são as principais habilidades que você precisará desenvolver para conquistar tudo que deseja a partir de um diagnóstico personalizado, que permite identificar o melhor tratamento.

No passo seguinte, será o momento de se reconectar, entender quais são seus principais recursos e desejos, redescobrir-se para evoluir. Quando nos conhecemos, é bem mais fácil dizer os nãos necessários para algumas situações e pessoas pelo bem da nossa saúde e em nome do nosso sucesso.

Por fim, faremos um plano de ação, identificando o que precisa ser feito na prática para que esse superpoder, de fato, torne-se inerente ao seu comportamento como líder e a ajude a deixar seu legado.

Aqui, você encontrará novos significados, novas ferramentas, uma nova maneira de olhar para a vida. Esta obra é inspirada em mulheres que acreditam que suas lutas são íntimas e que só dizem respeito e fazem sentido a si mesmas. Mas, na verdade, estou aqui para provar que sua luta, seus aprendizados, seus valores e suas habilidades não foram dados a você por acaso, e cada uma de nós veio ao mundo no lugar em que precisava estar e com a missão de transformá-lo. E eu vou lhe mostrar como. Vamos juntas!

PARA ACESSAR, BASTA APONTAR A CÂMERA DE SEU CELULAR PARA O QR CODE AO LADO OU DIGITAR O LINK ABAIXO PARA DESCOBRIR O QUE FALAREMOS NO CAPÍTULO 1.

https://www.youtube.com/watch?v=OHogSl_GXMA

QUANDO *você muda,* O MUNDO AO SEU REDOR SE *transforma.*

AS ADVERSIDADES DO MUNDO EMPREENDEDOR

feminino

O mundo do empreendedorismo feminino é marcado por muitas adversidades. Ao começar a empreender, é comum que algumas mulheres percam o foco, se desconectem do que as tornam únicas e desenvolvam problemas de relacionamento por não conseguirem se dedicar 100% ao negócio com que sonharam.

Em mentorias, palestras e treinamentos, converso com muitas mulheres empresárias e identifico um sentimento comum a todas: a dificuldade de reproduzir, no ambiente corporativo, o real sentimento e entusiasmo que tomavam conta de seu coração quando o negócio só existia na imaginação. São inúmeros os desafios que afastam o sonho da realidade na miopia do dia a dia.

Para as mulheres que decidem abrir um negócio, empreender significa poder conquistar a vida que sempre sonharam em ter, ser capaz de viver do ofício que descobriram amar de maneira plena e ter domínio financeiro e emocional para realizar seus sonhos e os de sua família, de preferência gerando impactos positivos na sociedade da qual fazem parte.

Para elas, não basta ter um bom negócio apenas para si, é importante que toda a comunidade se beneficie dele. Sendo assim, preocupam-se em resolver um problema da população por meio de seu negócio, usando seu superpoder, seu maior talento, em prol da coletividade. Esse tipo de movimento individual, quando somado a vários semelhantes, pode criar uma grande onda de geração de emprego e aquecimento da economia local.

Mas todas nós sabemos quão duro é o dia a dia de um negócio, cheio de desafios, percalços e frustrações. É necessária muita dedicação para transformar uma ideia em um empreendimento promissor. E o trabalho é ainda maior quando chega o momento em que você sente que seu negócio cresceu e que o que deu certo até aqui não é o que vai levá-la ao próximo nível – aquela sensação de cansaço, de que está nadando contra a maré e, no fim do mês, não tem resultados, como se não tivesse saído do lugar.

Esse jogo que acabei de narrar, qualquer empreendedor conhece bem e entende que, nesse momento, precisa fazer algo diferente para continuar na partida, mesmo que não saiba o quê. Mas, quando o negócio é de uma mulher, o nível de dificuldade é sempre maior. É indiscutível que nosso jogo é deslealmente mais difícil do que o de um homem empreendedor. Vou explicar o porquê!

Fiz um levantamento minucioso sobre os principais desafios que uma mulher precisa enfrentar para empreender no Brasil e trago, aqui, alguns dados interessantes para nossa reflexão com a intenção de preparar sua mente de maneira estratégica e extremamente racional para as adversidades que virão ou que já se apresentam na sua vida de empresária. Precisamos blindar nossa mente, nossa energia, nosso estado de espírito; só assim poderemos transpor essas barreiras sem que elas afetem nosso emocional.

MACHISMO ESTRUTURAL

Até bem pouco tempo atrás, uma mulher empresária pagaria taxas de juros mais altas do que as pagas por um homem em iguais condições por um empréstimo para seu negócio. Os bancos alegavam que o risco do empréstimo era maior do que aquele assumido ao emprestar dinheiro a uma empresa liderada por um homem.[1]

O machismo estrutural no mercado de trabalho brasileiro não é novidade, e pesquisas apontam que o número de mulheres desempregadas é 29% maior do que o de homens.[2] Sem opções e com um lar para manter, o empreendedorismo é, geralmente, o meio mais rápido de colocar comida na mesa e manter a dignidade. Essa é uma das únicas maneiras de sonhar com uma vida melhor.

Mulheres ocupando os mais altos cargos em empresas do país representam um índice de apenas 34%,[3] e, de acordo com o último Fórum Mundial Econômico, ainda teremos cem anos pela frente até que consigamos dirimir a diferença salarial entre homens e

---

[1] SEBRAE. **Empreendedorismo feminino no Brasil**: relatório especial. Mar. 2019. Disponível em: http://datasebrae.com.br/wp-content/uploads/2019/03/Empreendedorismo-Feminino-no-Brasil-2019_v5.pdf. Acesso em: 22 set. 2021.
[2] *Ibidem.*
[3] WOMEN in Business 2020: do plano de ação à prática. **Grant Thornton**, 2020. Disponível em: https://www.grantthornton.com.br/insights/artigos-e-publicacoes/women-in-business-2020/. Acesso em: 22 set. 2021.

mulheres.[4] Nossa luta ainda será longa pela equidade, e esse é mais um fator preponderante na busca pelo empreendedorismo. As mulheres querem mostrar que são capazes e que suas ideias podem, sim, levar um negócio ao sucesso.

Quando o assunto é maternidade, o sentimento mais frequente é o de culpa. Sentimo-nos culpadas pela dualidade "dedicar tempo ao negócio *versus* dedicar tempo aos filhos". Quando estamos com os pequenos, lamentamos por não dedicarmos tempo à empresa e vice-versa. Quando se tem um parceiro ou parceira, existe, ainda, o remorso por não conseguir conciliar a atenção entre o negócio, os filhos e o(a) companheiro(a). É muito frequente que sua energia seja ceifada pela ansiedade de atender as expectativas de todos e pela angústia de não conseguir "dar conta do recado", realidade e sentimento que não atingem os homens.

Noventa e quatro por cento das mulheres sentem dificuldade em conciliar maternidade e carreira.[5] Esse dado aponta para uma realidade extremamente cruel. O nível de exigências e cobranças com uma mulher é muito maior do que com um homem. Hoje, é comum mulheres postergarem a maternidade em busca de estabilidade financeira justamente pela dificuldade em focar e desempenhar com excelência suas atividades profissionais e maternais simultaneamente. E, para quem empreende, não é diferente. Ter

---

[4] Veja. **Brasil levará 100 anos para igualar salários de homens e mulheres**. Disponível em: https://veja.abril.com.br/economia/brasil-levara-100-anos-para-igualar-salarios-de-homens-e-mulheres/. Acesso em: 18 out. 2021.

[5] OSHIMA, F. Y. 94% das mulheres sentem dificuldades para conciliar maternidade e carreira. **Crescer**, 26 dez. 2019. Disponível em: https://revistacrescer.globo.com/Familia/Maes-e-Trabalho/noticia/2019/12/94-das-mulheres-sentem-dificuldades-para-conciliar-maternidade-e-carreira.html. Acesso em: 22 set. 2021.

ou não ter filhos não é o dilema. O real problema é quando essa pressão começa a gerar ansiedade em virtude do que deveria ser prioridade ou não em sua vida. **Seus valores pessoais e objetivos profissionais podem e devem caminhar juntos de maneira leve e equilibrada dentro dos parâmetros estabelecidos por você.** Sempre respeitando sua essência e as crenças e cultura de acordo com as quais foi criada, sem permitir que invadam seu espaço e muito menos que ditem regras sobre sua conduta, nem mesmo seu(sua) parceiro(a), como aconteceu com *Amanda*.

Ela engravidou alguns anos após a abertura da loja física que marcou a evolução do trabalho de venda de roupas como sacoleira. O marido ficou desempregado e foi ajudá-la no negócio nessa fase difícil da maternidade. Ele assumiu o comando da loja, e, aos poucos, ela sentia que suas ideias já não eram levadas em consideração, que não tinha mais espaço no próprio negócio. Após o puerpério, Amanda não tinha mais vontade de voltar ao trabalho, pois não sabia exatamente qual era sua função e, por isso, escondeu-se atrás da maternidade. Essa frustração gerou muitas brigas, problemas no relacionamento e, por consequência, nas finanças do negócio.

Durante uma sessão de mentoria em casal, percebi a mágoa e a insatisfação nas falas desacreditadas da Amanda. Ela tinha uma nova atribuição, a de mãe, e esse novo trabalho exigia tempo, energia e, ao mesmo tempo, trazia grande satisfação. Já a loja, naquele período, só causava desavenças que minavam a energia da família e desviavam a atenção do que deveria ser mais importante: fazer o negócio faturar. A loja era a única fonte de renda da família e estava indo de mal a pior por conta da desarmonia entre o casal.

Mas como lidar com a culpa de abrir mão de muitas horas por dia com seu filho em detrimento do negócio que estava sob os cuidados do marido? Como organizar as emoções para se posicionar e reaver seu espaço em um negócio que foi criado por ela? Será que isso é certo ou será que deveria continuar somente no papel de mãe e dona de casa?

Quando eles me procuraram pedindo ajuda para salvar as vendas do negócio que estava afundando, buscavam por uma solução técnica de marketing e vendas. Jamais imaginaram que o grande sabotador era comportamental e que era esse o grande desafio a ser superado.

O EMPREENDEDORISMO DO MEDO E DA SOLIDÃO

Oitenta e um por cento das mulheres que têm um negócio no Brasil empreendem sozinhas,[6] e a grande maioria delas decidiu empreender por enxergar, nessa alternativa, a possibilidade de estar mais perto dos filhos e de ter maior flexibilidade de horários na jornada de trabalho. Ainda assim, muitas enfrentam jornada dupla, às vezes tripla, para conseguir operacionalizar todas as tarefas domésticas e dar atenção à educação dos filhos, à alimentação e a tudo o mais que se faz necessário para a gestão do lar, além da gestão do negócio.

Essa dupla jornada deixa a mulher em desvantagem mais uma vez. As mães que lideram negócios passam 18% menos tempo à

---

[6] SEBRAE. **Empreendedorismo feminino no Brasil**: relatório especial. Mar. 2019. Disponível em: http://datasebrae.com.br/wp-content/uploads/2019/03/Empreendedorismo-Feminino-no-Brasil-2019_v5.pdf. Acesso em: 22 set. 2021.

As adversidades do mundo empreendedor feminino

frente da empresa em comparação aos pais empreendedores.[7] O impacto é percebido no faturamento de empresas lideradas por mulheres, que é expressivamente menor do que o de empreendimentos liderados por homens, justamente pela redução significativa na carga horária dedicada à empresa todos os meses. Metade dos negócios femininos do país fatura até 2,5 mil reais por mês.

Você sabia que 55% das empresas lideradas por mulheres funcionam dentro da residência da empreendedora?[8] Operacionalizar um negócio dentro de casa é mais um desafio para tantas mulheres brasileiras. Elaborar um planejamento minucioso para organização financeira, ações de marketing, atendimento a clientes, compras ou produção de estoque e tudo o mais que um negócio exige e ainda dar conta de todos os afazeres domésticos, educação dos filhos e atenção ao cônjuge exige muita disciplina e muita consistência, e, em minha opinião, sem essas duas habilidades, não é possível empreender.

Para conseguir ser eficiente nesse cenário, a mudança de hábitos é imprescindível e demanda uma dose de esforço diário – o que exige ainda mais energia dessa mulher já tão esgotada. E é muito comum a sensação de fracasso no fim do dia por ver tantas tarefas iniciadas, porém nada concluído. Interrupções e lapsos tiram toda a concentração, e pouco é feito com excelência. **Somente quando o nível de concentração em uma atividade é pleno, conseguimos colocar em atuação todos os nossos recursos.** Em estado de foco

---

[7] *Ibidem.*
[8] *Ibidem.*

máximo, não há medo, dúvidas ou espaço para erros; atingimos o ápice da produtividade e da excelência de maneira relaxada. O segredo é estar conectada ao seu objetivo, como um gato perseguindo, com os olhos fixos, uma mosca: nada desvia sua atenção. Desse modo, você estará naturalmente focada para realizar as tarefas mais importantes.[9]

Entre todos os percalços de um negócio, um dos mais perigosos é o medo. Esse sentimento, para a psicologia, é o estado emocional provocado pela consciência de perigo, que pode ser irracional ou fundamentada.[10] Mas que medo seria esse? Um negócio revela muito mais sobre sua dona do que se imagina. Antes do CNPJ, existe um CPF, e não só. Normalmente, há também uma família por trás, em que todos dependem daquele negócio para sobreviver, e, nesse caso, a responsabilidade se torna muito maior.

Somente 19% dos negócios femininos são empreendimentos entre sócios.[11] Não ter com quem compartilhar decisões nem contar com outros talentos, recursos ou perspectivas diferentes para compor vários cenários e fomentar a inovação é, também, um grande obstáculo para a longevidade do negócio, pois, quando essa mulher esgota suas ideias e sua energia para fazer dar certo, ela desiste.

O que agrava mais ainda esse cenário é o fato de 60% das empresas de mulheres não contarem com funcionários.[12] São negócios

---

[9] GALLWEY, W. T. **The Inner Game**: a essência do jogo interior. São Paulo: NewBook, 2013.
[10] UNIPSICO. **O que é o medo para a psicologia**. Disponível em: http://unipsicobs.com.br/artigos/o-que-e-o-medo-para-a-psicologia/. Acesso em: 22 out. 2021.
[11] SEBRAE. **Empreendedorismo feminino no Brasil**: relatório especial. Mar. 2019. Disponível em: http://datasebrae.com.br/wp-content/uploads/2019/03/Empreendedorismo-Feminino-no-Brasil-2019_v5.pdf. Acesso em: 22 set. 2021.
[12] *Ibidem*.

realizados por uma única pessoa em todas as funções. Imagine um time de futebol que tenha um único jogador competindo contra um time com onze membros em campo. Parece injusto, né? Mas é a triste realidade encarada por milhares de negócios femininos neste país diariamente. A empreendedora precisa se desdobrar em variadas funções dos mais diversos setores que compõem uma empresa, entender, planejar, operacionalizar e ainda executar todas as ações que são imprescindíveis para seu sucesso.

O empreender por necessidade traz consigo a falta de conhecimento técnico sobre todos os fatores que envolvem um negócio. Empreender é muito mais do que compra/produção e venda, exige planejamento e muita disciplina. Um documento extremamente técnico e muito importante ao decidir empreender é o plano de negócios. Ele é a fundação, a base sobre a qual o empreendimento será erguido.

No plano de negócios, é elaborada uma pesquisa para saber se o produto ou serviço em questão será bem absorvido pelo mercado, quanto será necessário investir e qual será o capital de giro. Além disso, é nele que se faz todo o plano financeiro, quadro de funcionários necessários, estudo do público-alvo para criação de identidade visual e ações de marketing para lançamento, e demais ações importantes para uma boa base de sustentação do negócio. Inclusive, para pleitear um empréstimo junto a bancos para a abertura do empreendimento, esse documento elaborado de maneira minuciosa aumenta muito as chances de se conseguir a verba.

Mas a triste realidade é que, em nosso país, 49% dos negócios liderados por mulheres são abertos sem um plano, o que é comprometedor principalmente nos primeiros e mais críticos meses de seu desenvolvimento[13] e pode gerar severa insegurança na tomada de decisão, especialmente no que tange ao controle financeiro.

PROBLEMAS FINANCEIROS QUE IMPACTAM TODAS AS ÁREAS

A educação financeira em nosso país é extremamente precária, e os adultos têm dificuldades em controlar até mesmo seus gastos pessoais. O que mais encontro nas mentorias para pequenos negócios é bagunça no departamento financeiro: contas da pessoa física sendo pagas com dinheiro da jurídica; retiradas desordenadas de valores conforme a necessidade em vez de salários definidos; ausência de controle de custos, de hora/trabalho, de mercadoria vendida ou de estoque, e por aí vai.

A falta de conhecimento leva à desordem de processos, que é extremamente prejudicial. Faltam clientes e sobram contas a pagar; ou sobram clientes e, por conta da desorganização, não é possível atender a todos ou o atendimento é ineficiente e insatisfatório. A falta de planejamento e de gestão é diretamente proporcional à de conhecimento.

O mercado vem ficando cada vez mais competitivo, e, com isso, o tempo fica ainda mais valioso, sendo preciso ter mais agilidade e assertividade nas nossas ações. Mas o medo do fracasso é um inimigo constante dessas qualidades; é frustrante quando nosso planejamento e nossas ideias não funcionam como o esperado. E esse medo se fortalece ainda mais quando se junta ao medo de não fatu-

---

[13] Ibidem.

As adversidades do mundo empreendedor feminino

rar o suficiente, visto que o lado financeiro pode desencadear uma série de problemas e pôr em risco o funcionamento e a progressão do empreendimento, além de alterar o clima familiar quando o negócio acontece dentro de casa.

Todas essas adversidades enfrentadas por nós, mulheres empreendedoras, podem ir drenando nossa energia e, aos poucos, afastando-nos do nosso real objetivo, calejando-nos. Tantos desafios vão construindo uma armadura ao nosso redor, camadas e mais camadas de proteção que blindam a nossa essência. As críticas excessivas, dia após dia, nos convencem de que nossos maiores talentos são, na verdade, nossos piores defeitos, e covardemente nos deixamos sufocar, aplacamos o que deveria ser enaltecido em nossa personalidade.

O maior problema é que, geralmente, esse, que é seu maior talento, sua essência, inibida do processo de empreender, é seu maior trunfo para fazer o negócio crescer de maneira sólida e com uma velocidade muito maior do que as convenções que a sociedade exige.

Ser você mesma, ousar, ser autêntica e mostrar para o mundo seu superpoder é um ato de coragem e uma grande quebra de padrões. Alguns vão amar, outros vão odiar, e esse é o jogo. Você pode estar pensando: *odiada? Mas eu não quero ser odiada, quero que todos gostem do meu negócio.* Eu digo: é impossível! Por isso, vamos nos libertar dessa pressão, buscar entender mais sobre essa necessidade de aprovação e permitir que o mundo conheça nossa essência.

Nosso negócio precisa ser uma maneira de expressão. Pense nos detalhes mais marcantes de sua personalidade e projete-os em seu trabalho, assim você terá uma construção de identidade única que permitirá que os semelhantes, os que gostam do seu jeito, também se encantem pela sua marca. Isso distanciará a concorrência. O desafio é superar esse medo de ser rejeitada e, finalmente, viver a liberdade em sua plenitude. Com essa mentalidade, o relacionamento com o cliente rompe barreiras, e, em vez de uma carteira de clientes, você construirá uma legião de fãs.

Vamos juntas eliminar tudo que a afasta de sua essência. Trabalharemos em prol de amplificar seu superpoder para tornar seu negócio muito mais lucrativo e cada vez mais importante para a comunidade, trazendo liberdade e desenvolvimento para todos que o cercam.

PARA ACESSAR, BASTA APONTAR A CÂMERA DE SEU CELULAR PARA O QR CODE AO LADO OU DIGITAR O LINK ABAIXO PARA DESCOBRIR O QUE FALAREMOS NO CAPÍTULO 2.

https://www.youtube.com/shorts/kPAXG9q3PIM

SER VOCÊ MESMA, OUSAR, SER *autêntica* E MOSTRAR PARA O MUNDO SEU SUPERPODER É UM *ato de coragem* E UMA GRANDE *quebra de padrões.*

Capítulo 2

EU SEI O QUE VOCÊ sente

Para qualquer mulher se tornar bem-sucedida no mercado de trabalho e na vida, os desafios são sempre potencializados e os caminhos, sempre tortuosos. Eu sei que passam, em sua cabeça, pensamentos do tipo: *não sei mais o que fazer para ter um negócio bem-sucedido*. Acredite, infalivelmente, todas as mulheres que conquistaram o negócio dos seus sonhos já pensaram assim. Diria até que esses questionamentos são importantes para darmos os passos certos rumo ao sucesso e nos mantêm atentas ao jogo, longe da zona de conforto e sempre alertas para as janelas de oportunidades e inovação, sempre prontas para criar a solução que os clientes buscam.

O que vou dizer agora pode parecer contraditório, eu sei. Mas não acontece assim com todo mundo. Para a grande maioria, esses pensamentos atuam como um bloqueio que drena a energia, a criatividade e a capacidade de execução, tão importantes em momentos de crise. E você pode estar se perguntando: *para quem ou como esses pensamentos podem ser úteis?* Eu respondo, cara leitora empresária: para quem formula perguntas, e não afirmações. Que tal trocarmos a afirmação "Eu não sei mais o que fazer!" pela pergunta "O que mais posso fazer?". Essa é uma pequena mudança no quadro mental que pode transformar a maneira como você encara o mundo.

Dentro da nossa mente, habitam duas versões de nós. De um lado, nosso eu verdadeiro, que representa nosso pleno potencial, todo nosso talento, e, do outro, nossa única e verdadeira adversária, uma versão de nós construída com base nas experiências vividas e na opinião dos outros sobre quem somos e sobre nossa performance ao longo da vida. Essa segunda, a oponente, é uma versão sabotadora de você, que luta, diariamente, para mantê-la longe do desconhecido, que trabalha incansavelmente para convencê-la de que é na zona de conforto que você precisa permanecer. O diálogo entre essas duas versões que coabitam sua mente acontece o tempo todo, mas é nos momentos de medo que você precisa ficar atenta.[14]

Todas nós sentimos medo, esse é um mecanismo de proteção natural e necessário para nossa sobrevivência. E é nos momentos de medo que identificamos qual de nossas versões está no comando da nossa mente, a verdadeira ou a sabotadora. Se, ao sentir medo, você se fecha, bloqueia, paralisa, sente que não é capaz de tomar uma decisão com presteza, então a sabotadora está no comando. Mas, se ao sentir medo, o que nota é um frio na barriga, uma vontade louca de descobrir o que vem depois, um ímpeto de se preparar

---

[14] GALLWEY, W. T. **O jogo interior do tênis**: o guia clássico para o lado mental da excelência no desempenho. São Paulo: SportBook, 2019.

para encarar o que está por vir, como um soldado que treina para ir à guerra, então quem está no controle é, sem dúvida, sua melhor versão. Observe seus pensamentos e identifique com cautela quem está no comando, pois é nos momentos de decisão que escrevemos nosso destino.[15]

Constantemente, em mentorias e consultorias, recebo empresárias que acreditam que seu maior desafio no negócio é a oscilação de faturamento. Três meses ruins seguidos por um mês com muitas vendas, e o que seria lucro precisa cobrir o buraco deixado pelo período de poucas vendas. Tudo isso acontece porque seu faturamento é diretamente proporcional à intensidade de energia que é aplicada ao seu negócio. Quanto mais energia emprega, mais vendas conquista. Venda é energia!

Essa energia é produzida por suas emoções. Nossos pensamentos regem o que sentimos e o quanto de energia somos capazes de gerar. Ou seja, cada uma de nós tem uma usina de energia dentro de si, mas muitas não sabem como usá-la. Por isso, se você não se conhece o suficiente a ponto de conseguir controlar suas emoções, que se mantêm oscilantes, da mesma forma será a energia que produz e emprega no negócio e, consequentemente, o seu resultado também será oscilante. Mas fique tranquila, pois, antes de chegar ao fim deste livro, você já terá as ferramentas necessárias para manusear os controles de sua usina.

==Gerenciar sua produção de energia é fundamental para que não se sinta tão cansada o tempo todo.== Geralmente, esse desânimo

---

[15] ROBBINS, T. **Desperte seu gigante interior**: como assumir o controle de tudo em sua vida. São Paulo: BestSeller, 2017.

constante, quando não envolve fatores hormonais – como no meu caso, que removi 75% da tireoide aos 18 anos por ocorrência de nódulos –, pode estar relacionado a fatores emocionais. Nossa energia oscila quando estamos distantes do nosso propósito ou quando o que fazemos para ganhar dinheiro não é algo que faríamos até de graça, é algo que não nos proporciona prazer nem deixa o coração quentinho. Isso acontece com frequência ao assumirmos um negócio familiar, não por nossas preferências pessoais, mas, sim, pelo medo de decepcionar os antecessores.

Quando o que motivou a abertura do negócio foi exclusivamente uma planilha de Excel, e não o coração, quando a única coisa levada em consideração foi a lucratividade, e as habilidades e paixões foram esquecidas, a energia fica escassa assim que as primeiras dificuldades aparecem. Mas sinto informar que, em algum momento, a vida cobra essa conta com juros e correções, e é aí que o cansaço e o desânimo batem à porta com cada vez mais frequência, até que fica insustentável se manter à frente do negócio.

Quantas vezes você se sentiu pouco reconhecida por todo esse esforço diário? Quantas vezes sentiu que, quanto mais se doa, mais é exigida, como se você fosse uma máquina e servir fosse sua obrigação? O que mais entristece é o fato de que doar todo seu tempo e amor não parece suficiente e, quanto mais você faz, menos reconhecimento recebe. Sei que não são aplausos o que você espera, e sim um pouco mais de colaboração, melhor divisão de tarefas, mas, quando nos sentimos cansadas de fazer tudo sozinhas e resolvemos exigir o apoio de todos, somos rotuladas, entre outras coisas, como chatas. Aqui entre nós, reclamar cansa muito, e o pior é que nos obrigam a assumir esse papel.

Seja com família ou funcionários, o desafio da liderança é sempre o mesmo: como fazer com que executem as tarefas necessárias da maneira como foram orientados e na hora em que se pede? Pois, geralmente, quando se deixa para depois, o que precisa ser feito é deixado de lado e esquecido. Com uma equipe, há, ainda, os desafios da confiança, das diferenças culturais, do vocabulário, do cuidado estético quando existe contato com o cliente. Apesar de seu esforço para ultrapassar todos esses obstáculos, mais uma vez, o reconhecimento por proporcionar o máximo de benefícios que a situação permite é praticamente inexistente, pois isso é encarado como parte de sua obrigação. E aquela equipe dedicada, que veste a camisa e se compromete por amor, parece uma realidade muito distante, quase um conto de fadas.

Muito provavelmente, você já deve ter tentado muitos empreendimentos diferentes, assim como eu já tive muitos negócios, em muitos ramos, de eventos a varejo. E, a cada tentativa frustrada, você repensa: *será que é esse mesmo o caminho?* Parece que nada dá certo! É muito investimento de tempo e de dinheiro em negócios ou estratégias frustradas que só aumentam as incertezas do caminho. É como nadar contra uma forte correnteza sem conseguir sair do lugar.

São noites e mais noites de sono perdidas tentando encontrar a peça que falta no quebra-cabeça. Questionamos nossa capacidade. *Será que sou uma fraude? Será que tudo que sei não é suficiente?* Frustração e medo de decepcionar aqueles que amamos e que torcem por nós tomam conta. Mas é por eles ou por nós mesmas que estamos fazendo isso?

O sentimento é de que, em algum momento dessa jornada, eu me anulei, meu brilho se apagou, eu me afastei de mim, dos meus ideais e dos sonhos que me trouxeram até aqui, me desconectei de mim mesma. A jovem cheia de sonhos e de brilho no olhar deu lugar a uma mulher diferente da que sempre achei que seria. Por dentro, ainda me sinto como aquela jovem, mas meu corpo não tem mais o mesmo tônus. E, em muitos momentos, bate aquele desânimo, e eu não tenho mais prazer em tornar meu negócio a minha cara. Já que vai dar tudo errado, para que tentar novamente?

Toda essa tensão e esses questionamentos quase fizeram *Julia* desistir.

Julia tem uma linda clínica de tratamentos estéticos muito bem-sucedida financeiramente. Na transição de profissional liberal de sucesso para empresária de uma grande clínica, inscreveu-se em uma de nossas imersões. Seu desafio era gerir um espaço físico muito maior, com maquinários caros de última geração e que requerem muito controle por conta das frequentes fiscalizações dos órgãos públicos reguladores, além de liderar uma equipe com atendimento impecável, à altura do atendimento da própria Julia, sempre elogiado por seus clientes.

Os obstáculos eram gigantes. Como padronizar esse atendimento que depende tanto do fator humano? Como atingir excelência nas práticas e no cuidado com a clínica e, ainda, na economia com os produtos cosméticos? Começaram as dores de cabeça para gerenciar as reclamações dos clientes, o alto índice de desperdício, entre outros problemas que foram drenando as energias da empresária, que não imaginava que crescer doeria tanto. Toda aquela angústia foi se acumulando dia após dia, até que, em uma sessão de mentoria, ela desabafou: "Estou vendendo a clínica. Vou morar na praia e construir uma pequena sala com uma maca, só para atender alguns clientes".

Naquele momento, eu li em sua expressão de esgotamento o que acomete milhares de mulheres empresárias por todo o mundo: a Síndrome de Burnout. Também conhecida como Síndrome do Desgaste Profissional, surge sempre pelo acúmulo de estresse relacionado ao trabalho e acomete profissionais submetidos a muita pressão. Se não tratada com os devidos cuidados, pode levar a quadros de depressão profunda.[16]

Diante daquela situação, em que ela tomaria uma decisão muito drástica acometida de um momento de transtorno, fiz uma pergunta retórica para que ela refletisse sobre o caminho que estava tomando: "Tem alguma chance de, daqui a um ano, você se arrepender dessa decisão? Pense sobre isso!".

Uma semana depois, na sessão seguinte de mentoria, ela havia pensado melhor e decidido colocar a clínica em recesso, tirar um tempo de férias para se reaproximar de si e entender qual rumo seguir para recuperar o brilho no olhar que há muito tinha perdido.

Pesquisas mostram que 78% das mulheres que empreendem apresentam sintomas de estresse emocional.[17] Muitas preocu-

---

[16] RAMIREZ, G. Síndrome de Burnout: o que é, sintomas e tratamento. **Tua Saúde**, jul. 2021. Disponível em: https://www.tuasaude.com/sintomas-da-sindrome-de-burnout/. Acesso em: 22 set. 2021.

[17] MENTAL CLEAN. 78% das empreendedoras apresentam sintomas de estresse emocional, revela pesquisa: Nervosismo, tensão e preocupação são as principais causas de sofrimento. **Rede Mulher Empreendedora**, 28 set. 2017. Disponível em: https://rme.net.br/2017/09/28/78-das-empreendedoras-apresentam-sintomas-de-estresse-emocional-revela-pesquisa/. Acesso em: 22 set. 2021.

pações e alta pressão fazem parte do nosso dia a dia, e administrar isso de maneira saudável não é tarefa fácil. Somos exigidas em um nível semelhante ao de atletas de elite para entregar alta performance e não temos tempo nem disposição para os bons hábitos, como uma rotina de exercícios físicos ou uma alimentação balanceada. Negligenciamos nossa saúde e priorizamos o negócio.

Isso compromete nossa autoestima e nossa qualidade de vida, além de influenciar na disposição e no nível de energia para realizarmos as atividades do dia a dia. Só quando as roupas começam a apertar é que se acende o sinal vermelho para iniciar uma dieta ou atividade física. Isso quando o alerta não aparece após algum sintoma mais grave na forma de índices desequilibrados em exames, obrigando-nos a dietas altamente restritivas e comprometendo fortemente nosso humor e até a libido, afetando, assim, nosso relacionamento, que exige atenção e disposição que simplesmente não existem.

Nervosismo, tensão, preocupação e ansiedade são sintomas que acometem 83,25% das empreendedoras brasileiras.[18] Sentir-se assim não pode continuar fazendo parte da rotina. Se não houver uma atividade que alimente a diversão e a criatividade, a vida vira um filme em preto e branco, tudo perde a cor e o encanto, a rotina se torna um fardo extremamente pesado, e, aos poucos, a vida perde a razão de ser. Em sua maioria, as atividades que nos proporcionam lazer estão ligadas à comida ou a atividades sedentárias, como ler ou assistir a filmes e séries. É preciso ter hobbies que permitam

---

[18] *Ibidem.*

liberar a criança que habita em você, que diminuam o sedentarismo, que permitam uma vida mais leve. Mas, na loucura do dia a dia, sobra muito cansaço e nada de motivação para incluir mais uma tarefa na rotina que nos deixará ainda mais esgotadas, mesmo que de um jeito bom.

A vontade de desistir, em alguns períodos, é uma constante, permeada pela dúvida frequente: será que estou sendo persistente e, uma hora, as coisas vão melhorar, ou será que estou sendo apenas teimosa e insistente, cometendo os mesmos erros e esse negócio não tem mais jeito? É comum sentir que não dá conta e ainda se sentir culpada por isso, por não saber o que fazer ou por ter tentado algo que deu errado e enterrou ainda mais o negócio. O excesso de culpa e cobranças agrava o processo e a afasta de seu sonho de se sentir plena e conciliar vida pessoal e profissional.

A falta de resultados é o principal motivo para essa constante vontade de desistir. Longas sequências de tentativas frustradas minam nossa fé e geram dúvidas e angústias, que abalam nossa autoestima e nos fazem questionar nossas escolhas, valores e princípios. Mas, depois de tantos altos e baixos ao longo dessa jornada empreendedora, aprendi uma dura lição que, hoje, alimenta minha fé: antes de melhorar, piora. É assim quando decidimos reformar nossa casa: antes de ela ficar linda e do jeito com que sonhamos, vai ter poeira, bagunça e muita dor de cabeça. O mesmo acontece na nossa vida e nos nossos negócios: antes de chegarmos aos dias de glória, vivemos incontáveis dias de luta. Acredite: cada uma das lutas tem a missão de deixar um aprendizado valioso para o futuro. Nada do que está vivendo será em vão.

Eu já estive aí, por isso sei dos seus pensamentos. Sei que chora escondida, pois não pode demonstrar fragilidade diante da família ou dos funcionários. Chorar é bom, lava a alma e revigora. Permita-se sentir. Permita-se sofrer. Peça colo quando precisar; não caia na armadilha da "solidão do poder". **Tenha amizades que vivam em sintonia com o que você acredita e, assim, terá com quem desabafar.** Não tente bancar a durona o tempo todo; isso a afasta da capacidade de sentir. Manter-se vulnerável aos sentimentos é o que a torna atenta às oportunidades. Não menospreze sua intuição.

PARA ACESSAR, BASTA APONTAR A CÂMERA DE SEU CELULAR PARA O QR CODE AO LADO OU DIGITAR O LINK ABAIXO PARA DESCOBRIR O QUE FALAREMOS NO CAPÍTULO 3.

https://youtube.com/shorts/EMfmMvjPZHc?feature=share

MANTER-SE VULNERÁVEL AOS *sentimentos* É O QUE A TORNA ATENTA ÀS *oportunidades.* NÃO MENOSPREZE SUA INTUIÇÃO.

Capítulo 3

O PADRÃO NÃO SE ENCAIXA

em você

Muitas de nós fomos preparadas para viver na sociedade dos nossos pais, e nossas mães criadas para viver na sociedade de nossos avós. O que quero dizer é que estamos em um ciclo de repetição de padrões que nos impede de enxergar a nós mesmas com nitidez. É como um nevoeiro na estrada escura que nos obriga a ir devagar, enxergando apenas o que as luzes dos faróis podem iluminar. Manter a atenção tão focada, com as duas mãos no volante, pouca visibilidade, por um longo período de tempo, deixa-a tensa e muito cansada e, quando você para o carro, parece que estava carregando-o nas costas. ==Reproduzir por muitos anos um padrão de comportamento que não é seu, que não expressa sua personalidade, que inibe as características que a fazem única, deixa você assim, tensa, ansiosa, sufocada e cansada.==

Imagine levar uma vida inteira dessa maneira. Com certeza, você conhece alguém nessa situação. Uma mulher que não pode ver alguém se comportando de modo diferente daquele que fomos ensinadas a aceitar como "bons costumes" que já começa a criticar e apela para frases como: "Isso não fica bem para uma mulher" ou, pior, "Isso não é elegante para alguém na sua idade". Ela tem muita vontade de fazer o mesmo, porém sua mente está aprisionada pelas crenças e limites impostos que estão enraizados em nossa sociedade de cultura machista.

As mulheres foram ensinadas a se comportar conforme os "padrões" que, aos poucos, nos tornam todas iguais. Os modelos de beleza ditam magreza, cabelos lisos e pele impecável, as marcas de expressão não são bem-vindas e as cicatrizes são consideradas imperfeições. Mas, se apagamos todas as marcas que nos tornam únicas, como encontrar o caminho de volta para quem somos de verdade? O mundo nos faz esquecer quem somos, nos esvazia, nos exaure. A única maneira de mantermos a mente sã é conseguindo voltar ao centro, alcançando, novamente, nossa essência. Cada marca guarda uma história, e nossa essência é resultado da soma dessas histórias e do modo como cada uma delas nos prepara para o momento seguinte.

Quem foi que determinou o que é certo ou errado? De onde vieram esses moldes? Por que eu preciso caber dentro deles? Ainda adolescente, na fase da rebeldia, fazia a mim mesma esses questionamentos e, quando minha mãe me perguntava: "O que as pessoas vão falar?", eu respondia: "O que elas quiseram, eu não ligo!". Porque eu estava tentando caber nos moldes dos meus amigos, não nos da minha mãe, e não ligava para o que as pessoas que importavam para ela iriam falar. Na vida adulta, os moldes mudam, e passamos a nos incomodar muito mais do que deveríamos. A busca por nos adequarmos continua: regras de etiqueta, roupas para cada ocasião e idade, inúmeras atitudes para suprir a *necessidade de aprovação*.

Em nome dessa necessidade infinita, vale tudo hoje em dia. Vale arriscar até mesmo a própria vida em busca de visualizações, *likes*, seguidores. O que importa é viver conforme o padrão imposto pela *trend* do momento, viver sem temer o ridículo, preocupando-se somente com o que as pessoas vão escrever, bem ou mal, contanto que escrevam seu comentário para que o algoritmo, código fonte que determina como será feita a distribuição do conteúdo publicado nas redes sociais, faça milhares de pessoas visualizarem seu vídeo fazendo a dancinha do momento. ==Não faz sentido que, na busca por ser criativa, inovadora, autêntica, eu reproduza a dancinha que alguém criou e todo mundo faz igual. Será mesmo que isso é ser criativa? Ou estou sendo manipulada para me ajustar a mais um molde?==

As mais conservadoras, que temem o julgamento e adoram torcer o nariz para as "blogueirinhas", agora devem estar vibrando com a reflexão do parágrafo anterior, mas calma! Acredito que se atrever a experimentar caminhos que nos expõem é o melhor meio para descobrir a autoralidade. Como saber que não gosta de uma comida se nunca a experimentou? O raciocínio é o mesmo para um bom laboratório de pesquisa. Uma nova fórmula é feita eliminando as hipóteses que deram errado. Não dá para chegar a uma fórmula inédita sem passar por milhares de tentativas falhas. Esse é o processo de amadurecimento que nos leva a perceber o que somos de verdade e o que queremos da vida.

Os mesmos julgamentos sofre quem comete loucuras de amor: se forem direcionadas a alguém sem saber se serão correspondidas, dirão que é loucura se expor ao risco; se direcionadas a alguém com quem já se tem um relacionamento, dirão que é tolice perder tempo com bobagens. O fato é que estamos sempre à mercê do julgamento dos outros, e, com a internet, essas questões tomaram proporções inimagináveis. Por vivermos hiperconectados, com um volume absurdo de exposição e informações, é importante sabermos lidar com esses julgamentos e termos clareza do caminho de volta ao nosso centro para manter a sanidade mental.

Ser autêntico não é elegante, não é decente, não é legal, dita o subconsciente coletivo. Pessoas autênticas incomodam os "iguais", e a única coisa que resta aos comuns é atacar os diferentes. Fazem isso para que parem de ser quem são e juntem-se à manada que se adéqua aos padrões. Isso manterá os "iguais" a salvo do trabalho duro, necessário para se tornar diferente, pois ser diferente exige muita criatividade, obstinação, disciplina, consistência e autoconhecimento.

Espera! Não foi em busca de liberdade que você decidiu empreender? Então como pode ser livre se não pode ser você mesma? E, aqui, chegamos ao xis da questão: só você é capaz de determinar se vai viver sob os padrões impostos ou sob seus próprios. Há muito tempo, vivemos reivindicando direitos iguais, e o crescimento de negócios femininos é um importante instrumento de equiparação, mas nossa busca sempre foi por realização e reconhecimento. A principal manifestação de liberdade é se livrar das correntes, do cárcere emocional, e usar seu negócio como instrumento para exercer sua liberdade de expressão.

Foi assim com *Edna*.

Muitos traumas a impediam de expor sua vontade de ser protagonista, de falar em público, de gravar vídeos e até de dirigir um carro. Ela é esteticista e tem um carisma incrível, uma energia que agrega, por isso desenvolveu treinamentos para outras mulheres fazerem o mesmo. Mas o peso da responsabilidade assumida por ela com seu negócio, que provê os pais, o irmão e o próprio lar, com seu marido e filhos, trouxe o medo, que bloqueou sua criatividade e atrofiou sua espontaneidade. As palestras e apresentações, que antes eram uma tarefa prazerosa, passaram a desencadear crises de pânico.

Em uma de nossas imersões, Edna entendeu que estava sendo dominada por padrões que não haviam sido escolhidos por ela, e foi ali que criou uma nova âncora positiva.

As âncoras podem ser criadas de duas maneiras: natural ou artificialmente. Por exemplo, na ocorrência de um evento altamente emocional positivo, é possível atribuir um gesto, objeto ou música que a faça lembrar da sensação sentida naquele momento para acionar novamente o mesmo estado mental em outra situação. A música ou o gesto será sua *âncora positiva*. A repetição da âncora associada à sensação sentida no evento, se usada de maneira contínua, é o que faz essa técnica funcionar.

A nova âncora era: "Eu sou dona do meu destino. Eu escolho o que é melhor para mim". Primeiro, ela realizou isso na mente, depois, na prática, no dia a dia. E foi assim que decidiu encarar a vida a partir daquele momento. Como primeiro passo em direção à mulher que gostaria de ser, Edna fez o caminho de volta ao seu centro. Subiu ao palco durante nossa imersão e, para mais de 150 pessoas, contou sua história e prestou seu depoimento sobre a transformação que iniciara em sua vida. Com as mãos suadas e as pernas trêmulas, pela primeira vez em anos, venceu o duelo contra sua mente, assumiu o controle do próprio destino e ajudou outras mulheres da pequena cidade onde mora a fazer o mesmo.

O que faz uma empreendedora verdadeiramente feliz é um negócio que deixe seu legado, sua marca no mundo. Quem, antes de empreender, foi funcionária de um negócio de terceiros, tenho certeza de que, em algumas situações, discordou das decisões tomadas e, nesses momentos, sentiu despertar a veia empreendedora e o desejo de ter um negócio manifestado na vontade de agir de maneira diferente, a sua maneira. É desse sentimento de originalidade que nasce a vontade de empreender. **A visão empreendedora tem esse ímpeto de resolver um problema ou de realizar desejos. E os negócios mais promissores são justamente aqueles que nascem da inquietude de fazer diferente e melhor.** Cada um tem uma maneira de fazer; a minha pode agradar a uns e desagradar a outros, essa é a beleza da vida.

Exatamente por isso, precisamos saber nos expressar ao divulgar e defender nosso negócio. Assim, aqueles que se identificam com a linguagem utilizada na nossa maneira de empreender aproximam-se da nossa marca. Desse modo, começamos o relacionamento com *prospects*, possíveis clientes que, ao entender o propósito e os valores da empresa, podem se tornar clientes fiéis e, quem sabe, até compor uma legião de fãs.

O que não pode acontecer de maneira alguma ao longo de todo esse processo de desenvolvimento da autoralidade é que ele afete sua autoestima. Não pode ser um fardo ser você mesma. Eu encarei essa questão quando, aos 33 anos, decidi assumir meus cabelos brancos.

O padrão não se encaixa em você

Foram muitas horas sofridas e improdutivas dentro de um salão, com papelotes de alumínio por toda a cabeça, para sair com mechas loiras que disfarçassem os grisalhos, até que, um dia, perguntei a mim mesma: "Para quem ou para que estou passando por todo esse sofrimento?". Para mim, não era! Eu percebi que não me importava com os cabelos brancos – até gostava deles. Decidi fazer a transição capilar e assumir a jovem grisalha que verdadeiramente sou.

Não se encaixar em padrões é potencializar as peculiaridades e características que a tornam única. No bom português, trata-se de encontrar seus elementos de diferenciação. E você os descobre quando faz somente aquilo que está em compromisso com seu propósito, com o que acredita de verdade, e não o que esperam que faça. Logo você perceberá que ter suas atitudes tomadas com base em seus princípios torna as decisões muito mais fáceis. Aos que discordam ou não gostam do seu jeito, não é preciso se desculpar. Somente siga em frente. As pessoas podem pensar de maneiras diferentes. Jamais se desculpe por ser como é!

E por que é tão importante ser diferente, criar um novo padrão? Uma frase do autor estadunidense Guy Kawasaki diz: "No final, ou você é diferente ou é barato".[19] Vou apresentar alguns bons motivos para você começar sua jornada de diferenciação e esquecer de vez esse negócio de seguir padrões. Com ela, você:

- **Conquista um posicionamento único.** Quando as pessoas criam afinidade com um negócio, elas o tornam único. Cria-se um mag-

---

[19] KAWASAKI, G. **A arte do começo 2.0**: O guia definitivo para iniciar seu projeto ou startup. Rio de Janeiro: Best Business, 2018.

netismo em que não se imaginam comprando do concorrente e conseguem explicar exatamente o porquê. Quanto mais diferente for o seu negócio, mais destacado ele estará.

- **Alavanca seu faturamento.** Tudo que é diferente é escasso, e as pessoas pagam mais caro pela raridade, não necessariamente pela beleza ou pelo modismo. Quanto maior a qualidade e menor a oferta, mais vale o produto ou serviço.

- **Cria uma comunidade com um universo de marca.** As pessoas têm necessidade de pertencimento e, se seu produto tem um universo para compor o estilo de vida dos seus clientes, eles serão apaixonados pelo seu negócio.

- **Torna-se, com maior velocidade, autoridade em seu mercado.** Autoridade não se compra, as pessoas a atribuem a você. Existem elementos que você conquista no caminho e que compõem sua autoridade, como o número de clientes que seu negócio já atendeu, prêmios, convites para palestrar sobre os resultados em seu mercado, por exemplo. Sem dúvida, isso tudo acontece de maneira muito mais rápida se você tem um posicionamento diferenciado.

- **Aumenta o número de vendas para os mesmos clientes.** Esse é quase um efeito colateral. Quanto maior sua diferenciação e a sensação de pertencimento promovida em uma comunidade, maior o gatilho da retribuição, que é quando o cliente sente, inconscientemente, que precisa demonstrar gratidão em retribuição a algo que já recebeu, e ele faz isso comprando seu produto ou serviço. Quando chegamos a esse estágio, é mais fácil gerar vendas em recorrência.

O propósito de encontrar seu superpoder é criar um empreendimento ultradiferenciado e, assim, aumentar a complexidade dos processos que compõem seus sistemas. O objetivo é elevar o nível de dificuldade de entrada em seu mercado, fazer o concorrente pensar duas vezes antes de tentar copiar seu produto, amedrontando-o pela complexidade. Quanto maior seu poder de diferenciação, maior a dificuldade que um possível concorrente terá para competir com você.

Alcançar o sucesso é ter liberdade! E a primeira forma de liberdade que precisamos atingir é a de ser quem somos, permitindo-nos viver nossas verdades. Este livro tem o propósito de ser o instrumento de virada em sua vida, não só para fazê-la refletir, mas para incentivá-la a agir. A partir de agora, vamos construir seu posicionamento; buscar, na sua essência, seu melhor e espelhá-lo em seu negócio. O mais recompensador é que você poderá observar as mudanças ao longo do percurso. Reconectar-se é como respirar ar puro depois de muito tempo presa em uma sala fechada. Encontrar a verdadeira Dona do Negócio que habita em você será tão natural como a luz do dia.

PARA ACESSAR, BASTA APONTAR A CÂMERA DE SEU CELULAR PARA O QR CODE AO LADO OU DIGITAR O LINK ABAIXO PARA DESCOBRIR O QUE FALAREMOS NO CAPÍTULO 4.

https://www.youtube.com/shorts/x9KAkh52agl

SEJA A DONA DO
negócio!

Passamos boa parte de nossa vida construindo o futuro perfeito para que, no fim, possamos ser felizes. Ter a casa dos sonhos, a melhor educação para nossos filhos, tudo aquilo que não tivemos e todos os mimos que merecemos, vivendo a tranquilidade e desfrutando do amor de quem é importante para nós. Mas, frequentemente, esquecemos que a felicidade pode estar no caminho, não apenas no destino final.

Todos os dias, combatemos o mal e ajudamos a salvar o mundo. Como boas super-heroínas que somos, recebemos chamados a todo momento para trazer de volta a paz no nosso mundo, frequentemente enfrentando colapsos. São muitos problemas que precisam ser resolvidos com urgência o tempo todo. Mas, contrariando os roteiros cinematográficos, não vivemos um final feliz após o fim de cada batalha, e isso não parece justo.

Mas, já que decidimos criar nossos próprios padrões, é hora da reviravolta no enredo dessa história. Você só vai conseguir defender todos e conquistar tudo que deseja quando o mundo conhecer sua verdadeira identidade. Entenda o que milhares de mulheres de sucesso já comprovaram com o programa de treinamento que você está prestes a iniciar: você só vai criar uma vida extraordinária quando ativar seu superpoder.

==ATITUDES MUDAM HISTÓRIAS.== Esse é meu lema, que me acompanha há muitos e muitos anos. Essa frase age como um alerta e me lembra, a todo momento, de que a grande oportunidade pode estar no resultado de uma atitude que preciso tomar agora. Ou o inverso: posso não ter bons resultados por oportunidades que não aproveitei simplesmente por não ter tomado uma atitude. Isso implica entender o propósito dos acontecimentos no caminho e se permitir olhar para cada situação como uma grande chance de mudar sua história. Se uma oportunidade de mostrar meu superpoder – e que ainda pode me render felicidade ou autorrealização – aparecer, é um dever me atrever a aproveitá-la.

Todas as vezes que tive sucesso, eu estava com meu superpoder ativado. Considero meu poder de comunicação o melhor que há em mim. Vendendo, palestrando ou cantando, sinto-me plena e tenho excelentes resultados. Mas nem sempre foi assim! Eu tinha medo de falar em público, mas sempre enfrentei esse sentimento. Na escola, levantava a mão e pedia para fazer a leitura em voz alta; lembro que meu coração batia rápido e minhas mãos ficavam frias, mas algo me dizia que aquela era a hora do treino. Gravei vídeos para um canal do YouTube durante um ano inteiro e nunca publiquei nenhum; eu nem sabia, mas era treino. Acho que isso me ajudou e, com o tempo, evoluí até chegar ao nível "cara de pau", a ponto de, na beira do palco de um teatro, pedir para cantar com um dos meus grandes ídolos da música, Elba Ramalho, e conseguir – tem até vídeo para provar.

PARA ACESSAR, BASTA APONTAR A CÂMERA DO SEU CELULAR PARA O QR CODE AO LADO OU DIGITAR O LINK ABAIXO NO SEU NAVEGADOR PREFERIDO.

https://youtu.be/eHRTYun2YI4

Cada um tem uma super-habilidade e, quase sempre, acha que isso não se aplica aos negócios, que em nada vai ajudar a ter a empresa que sonha. Mas posso garantir, baseada em milhares de *cases* de sucesso que vi em treinamentos e mentorias, que, assim que você aplicar esse passo a passo que estou prestes a apresentar, conseguirá ser reconhecida no mercado. Seu negócio crescerá próspero e saudável, de modo que você consiga tirar férias e a empresa continue faturando. Mas, para isso, precisamos combater o **Ciclo do Colapso** que impede seu negócio de decolar.

Depois de muita observação, percebi que as barreiras enfrentadas pela grande maioria são muito parecidas e seguem uma sequência, como eventos em cadeia. Observe:

- **Etapa 1 – Falta de conhecimento:** O que a afasta da realização do negócio próspero é exatamente algum conhecimento específico que você ainda não tem.

- **Etapa 2 – Resultados oscilantes:** Por falta desse conhecimento específico, sua operação oscila, seja em faturamento, seja em qualidade ou em qualquer outro setor do negócio.

- **Etapa 3 – Falta de energia:** Resultados ruins são diretamente proporcionais ao seu nível de energia. Se ele está baixo, seu negócio estanca.

- **Etapa 4 – Falta de consistência:** Sem energia, é impossível ter consistência; sem consistência, não há disciplina; e, se você não faz o que precisa ser feito, fatalmente é por não ter um conhecimento específico.

A partir dessa observação, cheguei à conclusão de que as empreendedoras que estão vivendo esse ciclo se dividem em dois tipos: as estudiosas e as sabichonas.

A **Estudiosa** acumula muita informação, por isso fica confusa e acaba em "parálise" (paralisia por análise). Ela acompanha vários especialistas, consome muitas *lives* e tudo que for gratuito, entende trechos de metodologias diferentes, mas não se aprofunda em nenhuma. Todos esses fragmentos de conteúdo tornam-se um Frankenstein em sua mente, um monstro feito de pedaços, incapaz de gerar resultados e que só causa confusão. Uma mente confusa não é capaz de decidir como agir e, por isso, paralisa. A Estudiosa não consegue colocar nada em prática por não ter clareza de como deve ser feito. Essa empreendedora tem um nível de consciência elevado, sabe que tem um problema e está, sem sucesso, tentando resolvê-lo.

A **Sabichona** é a que não estuda por comodismo, acha que já sabe o necessário e está quase soterrada na zona de conforto. Ela vive esse ciclo sem muito estado de presença, e seu negócio fica pior a cada dia, fazendo uma curva descendente em vertiginosa queda mês após mês, mas ela continua repetindo tudo que sempre fez, sendo consumida pela miopia do dia a dia. Essa miopia é resultado da repetição de tarefas da rotina por muito tempo da mesma maneira, de modo que a capacidade de visão do todo é perdida. Não há pensamento de médio e longo prazo, só se enxergam os pequenos movimentos diários. O maior perigo do estado míope é que, muitas vezes, a crise só é percebida quando já está em graus catastróficos. Essa empreendedora tem um nível de consciência muito baixo, pois nem sequer sabe que vive um problema e, quando começa a desconfiar, não sabe como ou onde buscar ajuda para resolvê-lo.

Quem já participou de minhas mentorias e treinamentos sabe que eu não transfiro conhecimento como um *pen drive*, e sim cocrio com a empresária com quem escolho trabalhar. Eu estudo muito, tanto modelos de negócio quanto comportamento humano. Percebo, com muita facilidade, padrões de conduta e, antes de aplicar qualquer estratégia, busco entender qual tipo de atitude ou crença precisa ser trabalhado.

O processo de mentoria que desenvolvi funciona como as rodinhas para quem quer aprender a andar de bicicleta. Você as usa enquanto está desenvolvendo habilidade. Quando se sentir segura e conseguir praticar sozinha, não precisará mais delas. É assim que tem de ser. E o primeiro passo do nosso processo é libertar a mente dos bloqueios que a impedem de ser ou fazer o que deseja a partir de uma reprogramação mental.

Nossa mente é dividida em dois níveis: o consciente e o subconsciente. Muito do que acontece no nível consciente não é raciocinado em detalhes pelo nosso cérebro. Depois que uma habilidade é internalizada, ela passa a ser executada pelo subconsciente, como dirigir, por exemplo. Quando estamos aprendendo, cada comando dado ao carro, antes, vem como um comando em nossa mente. *Agora, preciso passar a marcha*. Depois que você adquire prática, é capaz de passar a marcha enquanto fala ou canta e nem se dá conta do feito. É assim com qualquer habilidade que se torna um hábito.[20]

Os bloqueios que precisamos eliminar não estão no nível consciente. Por isso, sozinha, é muito difícil romper o **Ciclo do Colapso**, e conduzir o processo de desenvolvimento das habilidades para acelerar resultados é uma das coisas que eu sei fazer melhor. Meu ouvido é treinado para identificar em que nível mental as falas da empresária estão, se no consciente ou no subconsciente. O princípio da mudança de comportamento é ter clareza do real problema. Quase sempre, minhas mentoradas apontam um efeito colateral como a causa de seus problemas, por exemplo:

> FATURAMENTO MUITO BAIXO OU OSCILANTE;
> EQUIPE POUCO ENGAJADA;
> DIFICULDADE EM DELEGAR;
> DIFICULDADE EM ORGANIZAR BEM SEU TEMPO;
> NÃO GOSTAR DE APARECER EM FOTOS OU GRAVAR VÍDEOS;
> A CONCORRÊNCIA COPIAR SUAS IDEIAS O TEMPO TODO.

---

[20] MURPHY, J. **O poder do subconsciente**. Rio de Janeiro: BestSeller, 2019.

Esses e muitos outros são recordes de recorrência quando pergunto: "Para qual problema você precisa de minha ajuda?". Mas essas questões estão no nível consciente e não são a raiz do problema. Identificar e apontar o caminho certo para o sucesso é o que me motiva e é, para mim, a parte mais incrível do meu trabalho. Meu propósito com o método é fazer você viver um processo de metamorfose, ser transformada e sair definitivamente do modo Empreendedora e atingir o modo Empresária.

A ==Empreendedora== é aquela que tem tanta energia realizadora que realiza sem planejamento. Faz uma gestão empírica, baseada no "achismo", e está sempre ocupada com o operacional por não saber delegar. O pouco que planeja é baseado somente no desejo, não faz controle de dados e não tem visão de futuro fundamentada em métricas.

A ==Empresária== é aquela que calcula como e em que investir sua energia. Sabe o valor de sua hora, delega aquilo que não precisa ser executado por si e, assim, ganha tempo. Ela faz gestão baseada em dados e os utiliza para validar sua intuição. Sua visão enxerga o todo, e ela está sempre preparando o próximo passo.

Se você precisa seguir firme e encarar o processo com a mesma garra com que realizou as ações para abrir seu negócio, ligue o modo executora e coloque em prática tudo que aprenderá nas próximas páginas; assim, fechará este livro como Empresária.

MOVIMENTO × AÇÃO

Para ter um negócio bem-sucedido, é preciso entender a diferença entre essas duas palavras. Conheço milhares de empreendedoras que estão em movimento o dia inteiro, quase vinte e quatro horas por dia, sete dias por semana, até dormindo sonham que estão trabalhando.

Imagine uma bailarina que só se movimenta, mas não segue o ritmo da música ou o enredo da história a ser contada. Ela não está dançando, são apenas movimentos. Movimento sem direção, sem propósito, é só movimento. Quando há uma coreografia intencionalmente montada, em que cada gesto conta um trecho da história, seguindo a rítmica da música que está tocando, para que, no fim da apresentação, o objetivo de transmitir uma mensagem ou reação seja atingido com sucesso, uma ação está sendo realizada.

Para executar uma mesma tarefa, é possível trocar muitas horas de movimentos desordenados por algumas horas de ações intencionais e bem planejadas. Para cada hora investida em planejamento, três horas são economizadas em execução.[21] Muitas mulheres que empreendem sabem que precisam organizar melhor seu tempo, mas não sabem exatamente como fazê-lo. É possível virar o jogo por meio do método Dona do Negócio.

Elaborei esse método, que eu chamo de 3 Es, sobre três pilares essenciais para sustentar a construção de uma Empresária e que precisam caminhar em paralelo para o sucesso do negócio: energia, evolução e estratégia.

---

[21] CALLIGARO, C. **Proposta de fundamentos habilitadores para a gestão da manutenção em indústrias de processamento contínuo baseada nos princípios da manutenção de classe mundial.** Dissertação (Mestrado em Engenharia) – Universidade Federal do Rio Grande do Sul, Porto Alegre, 2003. Disponível em: https://lume.ufrgs.br/handle/10183/3977. Acesso em: 21 set. 2021.

Energia é o segredo, o combustível que permite que a estratégia seja executada com maestria. Dentro de cada uma de nós existe uma usina de energia, e precisamos assumir seu controle e usá-la de maneira intencional, pois, sem energia, não há consistência e, consequentemente, não há disciplina – e, sem elas, nada do que faça a levará a conquistar o resultado desejado.

Claro que você já sabe o significado da palavra energia, mas, aplicada aos negócios, ela tem um conceito importante: é o que mantém seu negócio vendendo. A Energia de Vendas é contagiante. Quando você passa por uma loja lotada, com muita gente escolhendo mercadorias, negociando, saindo cheia de sacolas, não tem curiosidade para saber por que tanta gente está comprando? Esse é o poder da energia. Mas o que pouca gente sabe é que ela é dividida em dois polos importantes: o interno, gerado em você, e o externo, gerado pela equipe e pelos clientes. Você precisa manter esses dois polos de energia ativos de maneira intencional para garantir o crescimento de seu faturamento.

Evolução é movimento, aprendizado contínuo, o que faz você trabalhar cada vez menos ganhando cada dia mais, o que você sabe que faz a diferença no seu negócio. E, se você quer velocidade, então pergunte qual é o caminho a quem já está aonde você quer chegar. Eu invisto muito dinheiro em mentorias, cursos e imersões todos os anos. Em meu mapa de despesas, tenho uma verba destinada a investimento em evolução, livros, cursos e tudo que me dê subsídios para chegar aonde quero no menor espaço de tempo. Não é possível evoluir só com o que já sei. Essa bagagem de conhecimento foi o que me trouxe até aqui, mas, para o próximo destino, preciso de novas ferramentas.

Conrado Adolpho, meu mentor e uma das maiores autoridades em aceleração de pequenos negócios do Brasil, disse em uma sessão de mentoria: "O dinheiro que você não ganha é pelo conhecimento que você não tem". E foi naquele momento que tive ainda mais certeza de que este é o pilar de sustentação do meu método. Colocar-se constantemente na posição de aprendiz lhe permite desenvolver diariamente seu time com legitimidade. Negócios são escolas, precisamos educar nossos clientes, colaboradores, parceiros e fornecedores incessantemente para mantermos a barreira de entrada elevada e o nível de competitividade alto.

Estratégia é o esquema tático que será usado para levar você e seu negócio ao sucesso que deseja. Alinhar as ações diárias com os indicadores que apontam para as metas estabelecidas no plano estratégico pode parecer difícil para um pequeno negócio, mas, se você quer que ele cresça no futuro, precisa enxergá-lo como grande enquanto ainda está crescendo. Ter posicionamento estratégico exige um novo modelo de comportamento. Se você não tem olhar estratégico, dificilmente conseguirá aumentar seu faturamento. Sem este "E", não é possível desenvolver os outros dois.

A Dona do Negócio é uma comunidade, e cada mulher que aplica esse conceito se torna uma embaixadora. Nosso propósito é unir mulheres empreendedoras em um coletivo de empreendedorismo e solidariedade que faça deste país um lugar melhor, aquecendo a economia, gerando empregos e impactando milhares de famílias. Eu faço parte desse movimento e confio que as mulheres tocadas por ele são agentes de transformação. Deu certo para mim e, agora, estou compartilhando com você. Seu papel é trazer

Seja a dona do negócio

a próxima e, assim, nossa corrente vai continuar crescendo e se fortalecendo sem deixar ninguém no caminho.

Nossa jornada começa agora!

PARA ACESSAR, BASTA APONTAR A CÂMERA DE SEU CELULAR PARA O QR CODE AO LADO OU DIGITAR O LINK ABAIXO PARA DESCOBRIR O QUE FALAREMOS NO CAPÍTULO 5.

https://www.youtube.com/watch?v=4dt3hwOsNLQ

IDENTIFIQUE O INIMIGO

interno

Para identificar o que a está impedindo de avançar em direção ao sucesso, vou apresentar os principais obstáculos dessa jornada de construção da empresária bem-sucedida que já vive em você. Para abater esses inimigos, é preciso ativar seu superpoder.

"Ok, Uliana! Que superpoder? Eu não faço ideia do que possa ser."

Tudo bem! Vamos cuidar disso mais tarde. Pois, provavelmente, há um inimigo interno bloqueando-a de acessá-lo. Isso explica o fato de você sempre ter convivido com ele, mas não o reconhecer como seu superpoder.

Para derrubar esses bloqueios construídos pelas forças inimigas que habitam em nossa mente, é necessário interromper o padrão de pensamento, identificando qual é sua representatividade em sentimentos e substituindo por uma nova. O escritor e palestrante estadunidense Anthony Robbins diz que nossa mente representa os sentimentos com metáforas, algumas positivas e que nos fazem progredir, outras o exato oposto. Vamos usar esse ensinamento como base para identificar seus padrões de crenças, investigando as metáforas que possivelmente estão programadas em sua mente. A ideia é interrompermos o padrão negativo e reformularmos um positivo para desbloquear seu superpoder. Sua mente já criou um rótulo para o que você sente em relação ao seu talento especial; se for negativo e sabotador, substituiremos por um melhor.[22]

A seguir, vou apresentar os oito principais inimigos que uma empreendedora enfrenta em sua jornada. Conhecê-los é extremamente importante para desbloquear seu superpoder, pois lhe permitirá interromper o padrão de pensamentos e neutralizá-lo. Após apresentar cada um deles, trarei metáforas ou pensamentos para que você identifique quais melhor descrevem seu sentimento em relação ao inimigo em questão ou quais mais se aproximam do que pensa no dia a dia. Quanto mais honesta for em relação ao que sente, maior proveito tirará da ferramenta. Está pronta? Então vamos lá!

LADRÃO DE TEMPO

Esse é o grande inimigo da sociedade moderna. O volume de informações que recebemos diariamente só aumenta com o passar do tempo. A internet nos permite acessar dados e nos conectar às pessoas de uma maneira muito mais rápida e fácil, o que possibilita distrações com a mesma facilidade. O excesso de notificações

---

[22] ROBBINS, T. **Desperte seu gigante interior**: como assumir o controle de tudo em sua vida. Rio de Janeiro: BestSeller, 2019.

Identifique o inimigo interno

vibrando em nossos smartphones com inúmeras interrupções prejudica nossa capacidade de concentração. É muito difícil concluir uma tarefa com alertas piscando na tela do celular ou pessoas a requisitando para resolver urgências o tempo inteiro. É por essas brechas que nosso inimigo consegue se infiltrar.

Ele a convence de que é melhor que seja feito por você e de que não vale a pena delegar, pois não ficará do jeito que quer. Então você centraliza inúmeras demandas que já poderiam ter sido repassadas à equipe caso tivesse priorizado treiná-la devidamente para realizar a atividade em seu lugar. Você até tem uma lista de afazeres, como treinar pessoas para quem delegar algumas funções, mas está procrastinando justamente por falta de tempo – que lhe foi roubado por dar ouvidos ao inimigo Ladrão de Tempo. Ele age inflando seu ego. Sua arma é a vaidade, faz com que acredite que ninguém fará melhor do que você e mina sua confiança nos membros de sua equipe.

A cada pequena tarefa que você deixa de delegar ou que fica inacabada por conta de interrupções do time ou distrações circunstanciais, seu tempo é minado. E, quando acaba o dia, você tem a sensação de que não fez absolutamente nada, pois todas as tarefas pendentes continuam em aberto. Você termina a semana com muitas coisas iniciadas e praticamente nada finalizado. Assim passam os meses até que, em dezembro, é chegada a hora de revisar as metas e elaborar novas, e você se depara com a dura realidade de que não atingiu os resultados esperados.[23]

---

[23] DUTRA, S. Conheça os 7 inimigos do empreendedor. **Formiga Marketing**, 26 nov. Disponível em: https://formigamarketing.com.br/conheca-os-7-inimigos-do-empreendedor/. Acesso em: 22 set. 2021.

Agora, reflita e marque quais das seguintes metáforas representam seus sentimentos sobre o **Ladrão de Tempo**. Qual delas já passou por sua cabeça?

METÁFORAS • LADRÃO DE TEMPO	X
"O ANO PASSOU, E EU NÃO FIZ NADA."	○
"MEU DIA PRECISAVA TER QUARENTA E DUAS HORAS."	○
"EU TRABALHO MELHOR NA VÉSPERA; AMANHÃ EU FAÇO."	○

CAVALEIRO DA PERFEIÇÃO

A perfeição é como a ilusão de enxergar um oásis em meio a um deserto de areia: nos anima para a caminhada, mas, quanto mais andamos, mais distante o destino parece estar. Essa busca incessante nos aprisiona em um looping, um ciclo infinito que não vai nos levar a lugar algum. Buscar fazer tudo da melhor maneira possível é inerente à jornada. O problema se esconde quando, em nome da evolução, não há movimento. Explico melhor. Quando o pensamento recorrente é: "Começarei quando tiver as condições adequadas", esse é o inimigo. Ele nos impede de entrar em ação por nos convencer de que ainda não estamos prontas, seja por falta de recursos externos ou internos. Acomodamo-nos no conforto do "farei quando estiver pronta" para evitar a dor de uma tentativa frustrada.

Esse inimigo triunfa sobre nós cada vez que deixamos de entrar em ação no momento presente, usando aquilo que já temos e sabemos para gerar o movimento de aprendizado, tão importante para a Evolução. Não estaremos prontas até começarmos. Na música, quem faz o artista é o palco. Podem se passar anos de ensaio, ninguém nunca estará pronto o suficiente para encarar o público até que assuma o risco de se expor ao seu primeiro show ao vivo. É assim na vida e nos negócios. O primeiro vídeo não será seu melhor desempenho para a câmera, mas, como em uma escada, não se pode começar pelo último degrau.[24]

É importante estarmos atentas ao real motivo que nos faz baixar a guarda para esse perigoso inimigo. Se esse desejo de ser perfeita for uma cortina de fumaça sobre a necessidade de validação e o medo de ouvir julgamentos duros, é importante fortalecer o foco no objetivo e no que nos torna autoconfiantes. É impossível deter quem já acredita ser boa o suficiente.

Plantando em nossa mente dúvidas sobre a legitimidade dos nossos feitos e realizações, levando-nos a questionar se somos mesmo merecedoras do que temos e do lugar aonde chegamos, o Cavaleiro da Perfeição mina nossa autoconfiança e dissolve nossa autoestima, fazendo com que nos sintamos bloqueadas.[25]

Agora, marque quais das seguintes frases representam seus sentimentos sobre o **Cavaleiro da Perfeição**. Qual delas já passou por sua cabeça?

[24] Ibidem.
[25] MARIA, E. Pare de buscar a perfeição: você já é bom o suficiente. **Emanuella Maria**, 2019. Disponível em: https://emanuellamaria.com/perfeccionismo/. Acesso em: 22 set. 2021.

METÁFORAS • CAVALEIRO DA PERFEIÇÃO	X
"NÃO COMECEI AINDA POR NÃO TER O MELHOR EQUIPAMENTO."	○
"EU PRECISO TREINAR/ESTUDAR MAIS PARA FAZER ISSO!"	○
"ESTOU ME PLANEJANDO PARA COMEÇAR."	○

Foi esse inimigo que *Laís* teve que enfrentar.

Ela é uma dessas mães estilo *Supernanny*, carinhosa e firme na medida certa. A educação dos seus dois filhos era comentada no playground do prédio entre as outras mães e babás. A maneira como ela educava as crianças e ainda cuidava de sua carreira era de gerar admiração. Outras mães lhe perguntavam como ela conseguia, e, assim, ela percebeu que algo em sua rotina, que lhe era tão comum, para os outros parecia ser incrivelmente diferente.

Ela começou a tomar gosto por orientar vizinhas, amigas e familiares na criação de seus filhos e descobriu, meio sem querer, que esse era seu superpoder. Mas não contava com o Cavaleiro da Perfeição, que começou a tirar sua paz a partir dali. Ela sabia que tinha uma grande chance de ser realizada ajudando outras mães a se desenvolver, porém paralisava diante da ideia de encarar as redes sociais e os desafios frente às câmeras. *Lives* e vídeos eram seus maiores obstáculos, já que ela precisaria divulgar seu método e esse é o veículo mais rápido e acessível para quem está começando.

Apesar desse inimigo, ela decidiu vencer seu medo do julgamento, o crítico interno que nunca considerava sua performance boa o suficiente porque ninguém iria confiar em um método de alguém que falava daquela maneira artificial e mecânica. Após passar pelo processo da nossa imersão presencial, ela comprou um tripé e uma

Identifique o inimigo interno

ring light e decidiu gravar seu primeiro vídeo. Foi sofrido, suado e possível. Ela tinha convicção de que aquele era o caminho certo. O resultado: uma chuva de elogios e muitos pedidos de outros conteúdos. Era o estímulo de que ela precisava para superar seu medo e valorizar suas habilidades. O que antes era apenas o modo como criava seus filhos hoje se tornou um negócio, e vencer seu bloqueio foi o primeiro passo para viver plenamente seu superpoder.

MENTE SOBRECARREGADA

Quando usamos um notebook por um longo período de tempo, sem nos preocuparmos com o espaço para armazenamento ou com o backup das informações, levamos nossa ferramenta de trabalho à exaustão. O excesso de arquivos pode gerar lentidão e impossibilitar o carregamento de programas e, se nada for feito para reverter esse quadro, a máquina pode colapsar. E nenhuma formatação será capaz de resolver o problema se você continuar a sobrecarregar a memória do seu notebook. É exatamente assim que nossa mente funciona quando está cheia de dados: ela começa a funcionar com lentidão até parar de funcionar.

    A Mente Sobrecarregada nos faz acreditar que a quantidade de informação é o mais importante e gera a falsa sensação de que estamos em ação, quando, na verdade, estamos apenas em uma sucessão de movimentos descoordenados. Ela nos convence de que conseguimos consumir muitos livros e *lives* de muitos gurus diferentes, salvar muitos *posts* transformadores, absorver todo conteúdo possível disponível na internet, anotar muitas frases de efeito em um caderno comprado exclusivamente para anotar insights de lives, fragmentos de conteúdos, trechos da linha de raciocínio de dezenas de experts dos quais você é fã, tudo isso porque sua mente é uma verdadeira máquina, com espaço infinito para um volume impensável de dados.

No entanto, assim como um computador cheio de arquivos, a nossa mente fica impedida de organizar as informações, pois, enquanto você está ocupada consumindo, não tem tempo de colocar nenhum aprendizado em ação. Assim, você se mantém sabendo pouco sobre muitas coisas e permanece na sua zona de conforto, longe do risco de gastar energia ou da possibilidade de uma frustração. Sucumbir aos encantos desse inimigo a mantém longe do sucesso, que só pode ser conquistado por alguém que arrisca pôr em prática o que aprendeu.

Agora, marque quais das seguintes metáforas representam seus sentimentos sobre a **Mente Sobrecarregada**. Qual delas já passou por sua cabeça?

METÁFORAS • MENTE SOBRECARREGADA	
"ASSISTO A TANTAS LIVES QUE FICO COM A CABEÇA PESADA."	◯
"DEVORO MUITOS LIVROS, MAS APLICO POUCO."	◯
"COMPREI O CURSO, MAS AINDA NÃO ASSISTI/COLOQUEI EM PRÁTICA."	◯

TRANSFERÊNCIA DE CULPA E RESPONSABILIDADE (TCR)

Estamos constantemente buscando nossos objetivos, e, quando as coisas dão certo, é maravilhoso. Mas, se as coisas não saem exatamente como imaginamos e nossa expectativa é frustrada, esse inimigo encontra o cenário ideal para nos atingir. Seu objetivo é desviá-la da frustração de assumir os erros e privá-la do aprendizado que vem com eles. Ele nos submete à mediocridade de quem está sempre procurando por culpados quando deveríamos investir energia em buscar novas soluções para resolver o problema.

Esse perigoso inimigo tem o poder de causar desarmonia, desunir equipes e eliminar por completo a energia de venda de sua empresa, pois é muito contagioso. Quando alguém é apontado como culpado, justa ou injustamente, se o indicador "confiança" não estiver alto entre o time, tudo pode desmoronar. Começa um efeito em cadeia. Vários dedos sendo apontados, e você precisa ser a pessoa que põe um fim a esse caos, e não a que inicia o processo.

A TCR é o que a faz colocar a culpa no trânsito quando perde o horário; no governo, na burocracia ou nos impostos por estar endividada. "Deus sabe das coisas, se meu negócio ainda não prosperou é porque ainda não chegou minha hora." Deus quer vê-la brilhar agora. Quem a está atrapalhando é esse inimigo que arruma desculpas para você se enganar e não evoluir.[26]

Seja um erro seu ou de seu time, você precisa trabalhar seu ego para manter a serenidade diante de um feedback e entender que, bom ou ruim, todo feedback é um presente, uma nova janela de oportunidades para evoluir e se tornar uma pessoa/

---

[26] DUTRA, S. Conheça os 7 inimigos do empreendedor. **Formiga Marketing**, 26 nov. Disponível em: https://formigamarketing.com.br/conheca-os-7-inimigos-do-empreendedor/. Acesso em: 22 set. 2021.

empresária melhor, com um negócio cada vez mais competitivo no mercado. Se tem problemas com críticas, busque resolvê-los, pois essa é a principal porta de entrada para a TCR. Se você está aonde chegou é por ser forte o suficiente para assumir seus erros e encarar os problemas.

Agora, marque quais das seguintes metáforas representam seus sentimentos sobre a **TCR**. Qual delas já passou por sua cabeça?

METÁFORAS • TCR	
"CHEGUEI ATRASADA POR CAUSA DO TRÂNSITO."	○
"NÃO BATEMOS A META PORQUE DEUS QUIS ASSIM."	○
"ESTOU ENDIVIDADA POR CAUSA DOS ALTOS JUROS DO CARTÃO."	○

MEDO DE MUDANÇA

São raros os casos em que admitimos resistência a mudanças. No discurso, todas as pessoas clamam por mudanças, mas, na prática, é bem diferente. Sabemos exatamente o que está dando errado e, geralmente, tardamos a buscar novos métodos. O desconhecido, para a grande maioria, é muito custoso. Além de exigir muita energia, tem chances de dar errado, então é melhor "não mexer com o que está quieto". Criando padrões de pensamentos como esse, o inimigo em questão age criando um bloqueio e gerando um estado de baixa capacidade ou disposição para suportar grandes oscilações em seu faturamento, principalmente as perdas.

Identifique o inimigo interno

Você fica presa aos modos operacionais antigos, que ficam defasados com o tempo. Isso a impede de aumentar sua produtividade e encolhe sua capacidade de inovação. A tecnologia traz benefícios importantes para uma empresa, mas exige mudanças de hábitos e comportamentos que compõem a cultura do negócio. Essa é a grande porta de entrada para a ação do Medo de Mudança. O medo do desconhecido a impede de se libertar de hábitos como anotar em caderninhos informações críticas que já deveriam estar em um sistema. A insegurança ou indisciplina para fazer a coleta de dados e armazená-los em um software de gestão de clientes faz com que você siga confiando na sorte e mantendo todos os dados nas conversas do WhatsApp.

Não dá para evoluir e inovar se você está bloqueada por esse inimigo que opera na negação. Quanto mais você nega, quanto mais é resistente a mudanças, mais tempo perde nessa trajetória por um novo modelo de negócio, de faturamento e de estilo de vida. Respeitar a tradição não diz respeito a ser avessa à modernidade. Se os velhos hábitos a dominam e você os usa como uma desculpa para se manter onde está, provavelmente o Medo de Mudança está vencendo o duelo.

Agora, marque quais das seguintes metáforas representam seus sentimentos sobre o **Medo de Mudança**. Qual delas já passou por sua cabeça?

METÁFORAS • MEDO DE MUDANÇA	
"NÃO SE MEXE EM TIME QUE ESTÁ GANHANDO."	○
"EU ME ACHO NA MINHA BAGUNÇA."	○
"JÁ ESTOU MUITO ACOSTUMADA PARA MUDAR, EU GOSTO ASSIM."	○

COMPARADOR DE PALCO

Fomos treinadas a criar com base em modelos desde a infância. Está em nossa natureza o talento para observação. Somos condicionadas a sempre buscar exemplos para replicar. Foi assim para os primeiros e mais importantes aprendizados, como falar, ler e escrever, e é assim até hoje. Precisamos da receita para fazer o bolo, das tendências de moda para escolher uma coleção, do tutorial para a maquiagem. Até aí, tudo bem! Porque o resultado nunca será idêntico. Mas é aí que mora o perigo. Além de termos sido doutrinadas a modelar a forma, fomos educadas a comparar os resultados, e esse é o grande problema. É impossível que os resultados sejam idênticos, pois as condições para a execução nunca serão exatamente iguais.

O grande risco a que esse inimigo nos expõe é a ansiedade de viver em uma busca angustiante pelos resultados e estilo de vida do outro. Na atualidade, com o uso de redes sociais, as pessoas expõem apenas um recorte de sua rotina, o que deixa ainda mais difícil distinguir o que é real do que é apenas um fragmento da realidade – e, geralmente, esse é o meio utilizado para comparação.

Cuidado! A curiosidade de viver observando o que os outros expõem em seu palco e comparar com as suas dificuldades dos bastidores é uma armadilha. Ninguém vai postar as derrotas e fracassos vividos na intimidade. Olhando de perto, todo mundo tem problemas. Não permita que esse inimigo a convença de que "a grama da vizinha é mais verdinha". Não é fácil para ninguém postar vídeos e ficar exposta à opinião dos outros. Se alguém está fazendo melhor do que você, é porque começou a praticar antes. Ninguém está imune às dificuldades do caminho.[27]

Agora, marque quais das seguintes metáforas representam seus sentimentos sobre o **Comparador de Palco**. Qual delas já passou por sua cabeça?

METÁFORAS • COMPARADOR DE PALCO	
"PARA ELA, GRAVAR VÍDEOS É FÁCIL, JÁ NASCEU COM O DOM."	○
"SE EU TIVESSE AS CONDIÇÕES QUE ELA TEM, TAMBÉM FARIA."	○
"QUANDO É QUE EU VOU TER UMA VIDA COMO A DELA?"	○

INCONSISTÊNCIA

Sabemos exatamente o que precisa ser feito, como e com qual frequência para que nosso negócio alcance o resultado com que sonhamos. Quando você se sente firme e certa de seu propósito, isso fica ainda mais claro. Mas o inimigo em questão está sempre minando nossa certeza, gerando a sensação de que os resultados estão muito distantes e de que, por mais que você se esforce, nada mudará. Quando a busca pelo resultado já a levou a alguns fracassos, ele consegue triunfar em sua mente com muito mais facilidade. São excelentes as justificativas que ele apresenta para impedi-la de fazer o que precisa ser feito no momento em que precisa ser feito. São batalhas diárias para estabelecer hábitos e manter o placar favorável nesse duelo.

[27] Ibidem.

Esse inimigo manipula sua mente para fazê-la sentir culpa por não ser perseverante, por não conseguir honrar as promessas que faz a si mesma e acreditar que não cumprir com a própria palavra é o início da falta de integridade. Quando seus comportamentos não condizem com suas crenças, valores e verdades, todos ao redor começam a descredibilizar suas promessas, até que chega ao ponto em que nem você acredita em si mesma. Quantas vezes já se matriculou na academia jurando que ia desenvolver hábitos saudáveis que só duraram uma semana? Quantas vezes já abandonou a dieta ou deixou pela metade o curso on-line que comprou?

Todo trabalho desse inimigo em nossa mente tem o objetivo de nos fazer mudar de ideia, de atitudes. Esse tipo de comportamento demonstra fraqueza e pode gerar descrença por parte da equipe no futuro do negócio e, consequentemente, em seu próprio futuro, o que é desastroso na busca por consolidação no mercado, gerando inconsistência emocional, ou seja, reações de intensidade desproporcional ao evento.

Agora, marque quais das seguintes metáforas representam seus sentimentos sobre a **Inconsistência**. Qual delas já passou por sua cabeça?

METÁFORAS • INCONSISTÊNCIA	X
"EU NÃO NASCI PARA FAZER ISSO."	○
"EU NÃO CONSIGO FAZER ISSO."	○
"QUANDO EU TIVER TEMPO, EU FAÇO."	○

EGO INFLADO

Esse bloqueio acontece quando você sente que já estudou muito, que já tem muitas certificações, que já passou por muitas situações difíceis que a tornaram uma empresária muito experiente. Quando esse inimigo a está bloqueando, a disponibilidade ao aprendizado fica elitista, fazendo-a crer que somente é possível aprender com os que estão acima, com os que possuem, no mínimo, o mesmo que você; os demais não são capazes de ensinar nada. Quando nota que estão prestando atenção no que diz, comporta-se como um pavão quando abre suas penas exuberantes, demonstrando de maneira desnecessária sua suposta superioridade. O importante para quem tem a mente completamente dominada por esse inimigo é demonstrar quem é que manda.

A vaidade é usada da maneira mais inescrupulosa, transformando até a melhor das pessoas no ser humano mais desprezível. Com certeza, você já deve ter ouvido a frase de Nicolau Maquiavel que diz: "Dê o poder ao homem e descobrirá quem ele realmente é". É quando um ser humano se sente poderoso que a porta para esse inimigo se abre. Ele bloqueia a visão, anula os valores e a deixa completamente imune aos sentimentos dos outros. Esse é o principal inimigo para uma empresária. Um negócio não é capaz de prosperar sem pessoas e sem aprendizado constante. A energia de um ambiente na presença de alguém que sofre desse bloqueio é terrível, e a rotatividade da equipe é enorme, sem falar dos clientes, que, muitas vezes, só voltam por algum funcionário.

Eu tenho certeza de que você já conheceu um negócio liderado por alguém assim. O maior problema é que essa pessoa tem um nível de consciência quase nulo sobre estar bloqueada. É impossível corrigir algo que não se sabe estar errado. Por isso, as pessoas a suportam até o dia em que podem se livrar dela. Mas eu acredito na evolução, e é, sim, possível lutar contra esse superinimigo.

Agora, marque quais das seguintes metáforas representam seus sentimentos sobre o **Ego Inflado**. Qual delas já passou por sua cabeça?

METÁFORAS • EGO INFLADO	X
"DA ESCOLA EM QUE VOCÊ ASSISTE A AULAS, EU SOU PROFESSORA."	○
"OS INCOMODADOS QUE SE MUDEM."	○
"EU CHEGUEI ATÉ AQUI POR MÉRITO UNICAMENTE MEU."	○

Agora, é hora de avaliar quais bloqueios estão impedindo-a de voar e, em seguida, identificar qual é seu principal inimigo e como combatê-lo. Marque na tabela, de 1 a 3, quantas metáforas você assinalou em cada uma das tabelas anteriores.

NOTAS DE 1 A 3	INIMIGOS
○	LADRÃO DE TEMPO
○	CAVALEIRO DA PERFEIÇÃO
○	MENTE SOBRECARREGADA
○	TRANSFERÊNCIA DE CULPA E RESPONSABILIDADE (TCR)
○	MEDO DE MUDANÇA
○	COMPARADOR DE PALCO
○	INCONSISTÊNCIA
○	EGO INFLADO

Identifique o inimigo interno

Em quais você marcou três pontos?

....
....
....
....

Em qual desses inimigos você acha que colocar mais foco, energia e empenho para derrotar vai ajudá-la a vencer todos os outros? (ESCOLHA APENAS UM.)

....
....
....
....
....

Qual é a frase desse inimigo que mais a bloqueia?
(PODE SER UMA FRASE DIFERENTE DAS USADAS COMO EXEMPLO. ESCREVA COMO VOCÊ OUVE EM SUA MENTE.)

....
....
....
....
....

==Agora, reescreva essa frase de uma maneira que a ajude a combater o inimigo e a se livrar de uma vez por todas desse bloqueio. Crie sua própria frase fortalecedora.==

....
....
....
....
....
....
....
....
....
....
....
....

Parabéns! Você deu o primeiro passo e agora está um pouco mais perto de sua melhor versão. Como se sente?

Agora que a venda foi retirada de seus olhos e você sabe exatamente o que a bloqueia, fica mais fácil atingir o alvo e neutralizar seus efeitos. Essa nova frase fortalecedora precisa ser repetida sempre que pensar nas frases que a enfraquecem e bloqueiam. Use-a sempre que perceber que está perdendo a energia que a mantém consistente nas tarefas que precisa desenvolver no dia a dia rumo ao seu objetivo.

Identifique o inimigo interno

Fizemos uma investigação minuciosa sobre o que a bloqueia, e, agora, você tem a clareza do que precisa ser feito. Ninguém pode fazer isso por você. O prazer da vitória será seu companheiro diário sempre que se mantiver firme e concluir tudo que se propôs a fazer para se aproximar de sua meta. Agora, precisamos buscar sua essência. No próximo capítulo, vamos focar você. Pronta para se reencontrar?

PARA ACESSAR, BASTA APONTAR A CÂMERA DE SEU CELULAR PARA O QR CODE AO LADO OU DIGITAR O LINK ABAIXO PARA DESCOBRIR O QUE FALAREMOS NO CAPÍTULO 6.

https://www.youtube.com/watch?v=D1PlmQtl2bw

ENERGIA – UM MERGULHO EM VOCÊ:

sua principal força

Investigar seus desejos e anseios faz parte do processo de autoconhecimento. Essa busca por conhecer a si mesma é muito importante para construir a vida que deseja. Isso a coloca no controle de suas emoções, sejam elas boas ou ruins. O objetivo do processo é gerar clareza para decidir o que verdadeiramente quer e deixar de lado o que aceita só para agradar aos outros. Quantas vezes por dia você anula seus desejos?

Na empresa, está sempre evitando decisões difíceis, como uma demissão, por exemplo, por sentir pena do outro, que, apesar de não desempenhar bem sua função, precisa do emprego. Já com a família, seja no momento de decidir um prato em um restaurante, seja o destino da viagem de férias, escolhe o melhor para os demais. Nos negócios ou em sua vida pessoal, é comum que as escolhas sempre sejam feitas em função do bem-estar dos outros, dos filhos, do marido, dos funcionários, dos seus pais, dos seus sogros. Mas e você?

O seu desejo está constantemente sendo preterido, porque você não tem certeza do que quer e aceita o que é bom para os outros com o sentimento de "tanto faz". Anular suas vontades ajuda a evitar aborrecimentos imediatos. Com um pouco mais de maturidade, fugir de conflitos se torna uma estratégia para se preservar. No entanto, com o tempo, essa fuga pode ser extremamente perigosa. Ano após ano, a vida perde o sentido, e você perde sua essência. Quando se dá conta, não está mais levando a vida com que sonhou.

Para ter certeza do que você verdadeiramente quer, é fundamental trazer para o estado de consciência seus principais valores. Eles são o conjunto de princípios que norteiam o caminho em busca do que deseja. Pegue uma caneta, pois chegou o momento de deixar esses valores bem definidos e plenamente intencionais.

Marque abaixo todos os valores que fazem sentido para sua vida.

DESAFIOS • COMPROMETIMENTO CONSIGO MESMA • EXCELÊNCIA • ACEITAÇÃO SOCIAL • CONTRIBUIÇÃO • CONFORTO • STATUS • INDIVIDUALIDADE • SUCESSO • COMPETITIVIDADE • REPUTAÇÃO • ROTINA • RESPONSABILIDADE • PODER • RECONHECIMENTO • FAMÍLIA • SEGURANÇA • FAMA • PREVISIBILIDADE • COMPROMETIMENTO COM O PRÓXIMO • LIBERDADE • COMPAIXÃO • CRESCIMENTO CONTÍNUO • SAÚDE • MUDANÇA/VARIEDADE • HONESTIDADE • HUMILDADE • ORDEM/ORGANIZAÇÃO • RESPEITO • DEUS

Energia — um mergulho em você: sua principal força

Desses valores, escolha os cinco que mais a representam. Depois, coloque-os em ordem de prioridade, do menos importante para o mais importante.

....
....
....
....
....
....
....

Olhe bem para esses valores e reflita sobre o que, juntos, representam para você. De agora em diante, sempre que houver qualquer dúvida sobre uma decisão, consulte seus valores. Eles descrevem o que é importante em sua vida. Sempre tome decisões alinhadas com o que você acredita.

As próximas respostas também precisam ser pautadas em seus valores. Responda às perguntas da maneira mais franca e criativa possível, como a criança que está guardada aí dentro de você responderia. Conecte-se com ela neste momento, imagine-se conversando com ela. Olhe-a, sinta-a e, o mais importante, ouça o que tem a dizer. Ela se sente feliz e orgulhosa do que você se tornou? Você é o que ela sonhou que seria?

Com esse sentimento que invadiu seu coração neste momento, responda às próximas perguntas. Elas vão ajudá-la a afirmar quem você verdadeiramente é e aproximá-la de quem quer se tornar.

A DONA DO NEGÓCIO

O que a faz levantar da cama todos os dias?

....
....
....
....
....
....

Como quer ser lembrada pelas pessoas?

....
....
....
....
....
....

Qual é o seu negócio e como ele contribui para fazer do mundo um lugar melhor?

....
....
....
....
....
....

Energia — um mergulho em você: sua principal força

Por que escolheu esse negócio?

....
....
....
....
....

Qual é o significado desse negócio para você?

....
....
....
....
....

Como sua maneira de tornar o mundo um lugar melhor pode se transformar em um produto/serviço novo ou fortalecer um que já existe?

....
....
....
....
....

Quais oportunidades estão escondidas?

....
....
....
....

Quais estratégias pode usar para aproveitar essas oportunidades?

....
....
....
....

Como foi responder a essas perguntas? Foi difícil ou as respostas saíram com naturalidade?

Ok. Agora que tem mais intimidade com seu propósito, vamos mergulhar em seus talentos e investigar seu tipo de inteligência e suas principais aptidões naturais para, assim, chegar mais perto de seu superpoder.

Vamos usar como base a teoria das Inteligências Múltiplas de Howard Gardner,[28] psicólogo de Harvard. Em suas pesquisas,

---

[28] GARDNER, H. **Estruturas da mente**: a teoria das inteligências múltiplas. Porto Alegre: Penso, 1994.

Energia — um mergulho em você: sua principal força

Gardner concluiu que somos seres diversos, assim como nossa capacidade intelectual. Existem vários tipos de inteligência, e cada um deles aponta diferentes aptidões. Vejo muitas mulheres renegando seus talentos, dando pouca importância ao tipo de inteligência que têm porque desejam ser boas em outras áreas.

Nosso modelo educacional nos formou com a ideia de que precisamos ser boas em todas as matérias e, quando tirávamos uma nota ruim em Matemática, éramos obrigadas a estudar o dobro para recuperar a nota. Se, desde a infância, fôssemos estimuladas a praticar com maior peso aquele que é nosso talento, na fase adulta seríamos imbatíveis, pois nada vence a união do talento com a prática.

Mas o importante é o agora, e talvez você nem conheça qual ou quais são os seus tipos de inteligência predominantes. A seguir, vou apresentar cada um deles e fazer algumas perguntas[29] para identificarmos qual é o seu grau de cada inteligência.

LINGUÍSTICA

Essa é uma das principais inteligências no mundo do empreendedorismo. O poder de comunicação é essencial para a construção de um negócio de sucesso. A capacidade neurológica de comunicação é comum a todos, porém existem pessoas de natureza introspectiva, que não gostam de expor o que pensam e, por isso, têm menor facili-

---

[29] TESTE de múltiplas inteligências. **IDAAM**. Disponível em: http://idaam.edu.br/ambiente/multiplas-inteligencias/teste-multiplas-inteligencias.html. Acesso em: 22 set. 2021.

dade na construção de ideias em forma de palavras. As pessoas com inteligência verbal e linguística têm, geralmente, apreço por leitura e escrita e uma facilidade notável para concatenar ideias e verbalizar o que pensam de maneira clara com excelente argumentação.

A seguir, avalie seu grau de concordância com as afirmações de acordo com a escala abaixo:

1 NUNCA **2** RARAMENTE **3** ÀS VEZES **4** QUASE SEMPRE **5** SEMPRE

Afirmação	1	2	3	4	5
AO FALAR COM ALGUÉM, FICO ATENTA ÀS PALAVRAS QUE A PESSOA USA, E NÃO AO QUE ELA QUER DIZER.	1	2	3	4	5
GOSTO DE PALAVRAS CRUZADAS, CAÇA-PALAVRAS E OUTROS JOGOS QUE ENVOLVAM PALAVRAS.	1	2	3	4	5
POSSO SER UMA MENTIROSA CONVINCENTE SE EU QUISER.	1	2	3	4	5
ACHO FÁCIL LEMBRAR CITAÇÕES OU FRASES.	1	2	3	4	5
CONSIGO INFLUENCIAR AS PESSOAS SE QUISER.	1	2	3	4	5
NA ESCOLA, UMA DAS MINHAS MATÉRIAS FAVORITAS ERA LÍNGUA PORTUGUESA.	1	2	3	4	5
GOSTO DE DEBATES E DISCUSSÕES.	1	2	3	4	5
ACHO FÁCIL FALAR COM PESSOAS QUE AINDA NÃO CONHEÇO.	1	2	3	4	5
MUITAS VEZES EU FALO COMIGO MESMA – EM VOZ ALTA OU NA MINHA CABEÇA.	1	2	3	4	5
ACHO MAIS FÁCIL PENSAR EM SOLUÇÕES PARA PROBLEMAS QUANDO ESTOU FAZENDO ALGUMA ATIVIDADE FÍSICA.	1	2	3	4	5

Energia — um mergulho em você: sua principal força

Agora, some a nota e encontre seu coeficiente para essa inteligência:

LINGUÍSTICA	TOTAL:

LÓGICO-MATEMÁTICA

A alta capacidade de raciocínio lógico sempre foi o principal indicador de níveis de inteligência. Se você fosse boa em Matemática, era considerada uma das melhores alunas da classe. Essa habilidade, hoje, tornou-se ainda mais importante, pois, com o volume de informações gerado todos os dias em um negócio, a gestão precisa ser baseada em dados geralmente compilados em gráficos. Ter facilidade para desenvolver e interpretar esses dados auxilia uma tomada de decisão com maior grau de segurança.

A seguir, avalie seu grau de concordância com as afirmações conforme a escala abaixo:

1 NUNCA **2** RARAMENTE **3** ÀS VEZES **4** QUASE SEMPRE **5** SEMPRE

Afirmação	1	2	3	4	5
ACHO FÁCIL FAZER ORÇAMENTOS E GERENCIAR RECURSOS FINANCEIROS.	1	2	3	4	5
NÃO GOSTO DE AMBIGUIDADE, GOSTO DAS COISAS BEM CLARAS.	1	2	3	4	5
GOSTO DE JOGOS DE LÓGICA NO ESTILO SUDOKU.	1	2	3	4	5
PESSOAS QUE SE COMPORTAM IRRACIONALMENTE ME IRRITAM.	1	2	3	4	5
GOSTO DE SER SISTEMÁTICA E ORGANIZADA.	1	2	3	4	5

ACHO GRÁFICOS E TABELAS FÁCEIS DE COMPREENDER.	① ② ③ ④ ⑤
ACHO FÁCIL LEMBRAR NÚMEROS DE TELEFONE.	① ② ③ ④ ⑤
FAÇO CONTAS DE CABEÇA FACILMENTE.	① ② ③ ④ ⑤
MINHA MATÉRIA FAVORITA NA ESCOLA ERA MATEMÁTICA.	① ② ③ ④ ⑤
CONSIGO CALCULAR UMA CONTA SIMPLES MAIS RÁPIDO DO QUE A CALCULADORA.	① ② ③ ④ ⑤

Agora, some a nota e encontre seu coeficiente para essa inteligência:

LÓGICO-MATEMÁTICA	TOTAL:

ESPACIAL

Características indicadoras dessa inteligência são excelente senso geográfico e facilidade com instruções de caminhos e mapas. Essa é uma habilidade interessante para quem tem um negócio baseado em logística ou que tem potencial para cruzar fronteiras. Esse tipo de inteligência permite uma percepção de espaço avançada, importante para a escolha de novos pontos físicos para implantação de uma filial, para gestão de grandes estoques, para acompanhar de perto plantas baixas de construções, para longas viagens por estradas desconhecidas ou para roteirização de entregas.

A seguir, avalie seu grau de concordância com as afirmações conforme a escala:

Energia — um mergulho em você: sua principal força

1 NUNCA **2** RARAMENTE **3** ÀS VEZES **4** QUASE SEMPRE **5** SEMPRE

SEMPRE RECONHEÇO LUGARES PELOS QUAIS JÁ PASSEI, MESMO QUE HÁ MUITOS ANOS.	① ② ③ ④ ⑤
NUNCA ME PERCO QUANDO ESTOU POR CONTA PRÓPRIA EM UM NOVO LUGAR.	① ② ③ ④ ⑤
GOSTO DE DESENHAR MAPAS E PLANTAS BAIXAS.	① ② ③ ④ ⑤
SOU BOA COM GPS, MAPAS E LOCALIZAÇÕES.	① ② ③ ④ ⑤
GOSTO DE EXPLORAR AO CONHECER NOVOS LUGARES.	① ② ③ ④ ⑤
PREFIRO A ESTRADA.	① ② ③ ④ ⑤
GOSTO DE MAPAS MENTAIS.	① ② ③ ④ ⑤
GOSTO DE JOGOS QUE ESTIMULEM ESTRATÉGIAS.	① ② ③ ④ ⑤
TENHO FACILIDADE PARA MEMORIZAR ROTEIROS E COORDENADAS.	① ② ③ ④ ⑤
MINHAS MATÉRIAS FAVORITAS NA ESCOLA ERAM GEOGRAFIA E TRIGONOMETRIA.	① ② ③ ④ ⑤

Agora, some a nota e encontre seu coeficiente para essa inteligência:

ESPACIAL	TOTAL:

PICTÓRICA

As pessoas com essa inteligência têm facilidade para se expressar por meio de desenhos, sempre explicando seus pensamentos com rabiscos. Elas têm sempre papel e caneta à mão e gostam de estudar escrevendo, pois são extremamente visuais. Essa é uma inteligência interessante para empresárias, afinal quem tem essa inteligência tem memória fotográfica excepcional, o que facilita visualizar como as coisas ficarão quando estiverem prontas para a entrega.

A seguir, avalie seu grau de concordância com as afirmações conforme a escala abaixo:

1 NUNCA **2** RARAMENTE **3** ÀS VEZES **4** QUASE SEMPRE **5** SEMPRE

Afirmação	1	2	3	4	5
SE ESTOU APRENDENDO A FAZER ALGUMA COISA, GOSTO DE VER DESENHOS E DIAGRAMAS DE COMO ELA FUNCIONA.	①	②	③	④	⑤
MINHA MATÉRIA FAVORITA NA ESCOLA ERA ARTES.	①	②	③	④	⑤
COSTUMO VER IMAGENS CLARAS QUANDO FECHO MEUS OLHOS.	①	②	③	④	⑤
QUANDO ESTOU CONCENTRADA, TENDO A RABISCAR.	①	②	③	④	⑤
MINHA CASA ESTÁ CHEIA DE IMAGENS, FOTOGRAFIAS E QUADROS.	①	②	③	④	⑤
POSSO, FACILMENTE, IMAGINAR COMO UM OBJETO SERIA A PARTIR DE UMA OUTRA PERSPECTIVA.	①	②	③	④	⑤
ACHO PRAZEROSO DESENHAR OU COLORIR.	①	②	③	④	⑤
TENHO UMA VISÃO PECULIAR PARA ENXERGAR ARTE ONDE OS OUTROS NÃO CONSEGUEM.	①	②	③	④	⑤
GOSTO DE GALERIAS E EXPOSIÇÕES DE ARTE.	①	②	③	④	⑤

Energia — um mergulho em você: sua principal força

Agora, some a nota e encontre seu coeficiente para essa inteligência:

PICTÓRICA	TOTAL:

MUSICAL

Essa é uma inteligência muito simples de identificar e se manifesta, geralmente, ainda na infância, com movimentos feitos ao ritmo de uma música e o envolvimento com instrumentos ou canto. Quem possui essa inteligência tem sensibilidade a variações de ritmos e timbres, afinação vocal e intensa reação emocional à música. Essas habilidades podem ser muito importantes nos negócios, já que a música atinge primeiro o emocional das pessoas. A razão dificulta a ação de compra, quem decide é a emoção. Tem vantagens no mercado quem usa esse recurso para tocar o coração dos clientes, além de se posicionar de maneira extremamente inovadora, dificultando para a concorrência.

A seguir, avalie seu grau de concordância com as afirmações conforme a escala abaixo:

1 NUNCA **2** RARAMENTE **3** ÀS VEZES **4** QUASE SEMPRE **5** SEMPRE

CONSIGO TOCAR UM INSTRUMENTO MUSICAL.	1 2 3 4 5
SEMPRE TENHO UMA MÚSICA OU O TRECHO DE UMA NA MINHA CABEÇA.	1 2 3 4 5
A MÚSICA É MUITO IMPORTANTE PARA MIM.	1 2 3 4 5

Agora, some a nota e encontre seu coeficiente para essa inteligência:

MUSICAL	TOTAL:

CORPORAL-SINESTÉSICA

Quem possui essa inteligência tem uma noção espetacular de interação entre corpo e espaço, ótimo controle de suas ações motoras, mãos precisas, movimentos que parecem calculados e absorve melhor os aprendizados quando escreve o que vê e ouve. Possuir essa inteligência no mundo dos negócios pode garantir excelente aproveitamento do espaço e boas ideias com baixo custo a partir de reaproveitamento. Inovação também é uma grande

Energia — um mergulho em você: sua principal força

característica para essa inteligência, além de agilidade na aplicação de novas estratégias, por seu rápido aprendizado e forte potencial de execução.

A seguir, avalie seu grau de concordância com as afirmações conforme a escala abaixo:

1 NUNCA **2** RARAMENTE **3** ÀS VEZES **4** QUASE SEMPRE **5** SEMPRE

NUNCA LEIO AS INSTRUÇÕES PARA MONTAR MÓVEIS OU INSTALAR ELETRODOMÉSTICOS.	1 2 3 4 5
PARA APRENDER ALGO NOVO, EU SÓ PRECISO VER E EXPERIMENTAR.	1 2 3 4 5
PRATICO ESPORTES OU DANÇA.	1 2 3 4 5
ACHO MAIS FÁCIL PENSAR EM SOLUÇÕES PARA PROBLEMAS QUANDO ESTOU FAZENDO ALGUMA ATIVIDADE FÍSICA.	1 2 3 4 5
SEMPRE TIVE BOA COORDENAÇÃO MOTORA.	1 2 3 4 5
ARREMESSO OBJETOS COM EXCELENTE MIRA – DARDOS, FLECHAS, PEDRAS, *FRISBEES* ETC.	1 2 3 4 5
AMO ESPORTES DE ADRENALINA E RADICAIS.	1 2 3 4 5
GOSTO DE FAZER TRABALHOS MANUAIS E SOU BOA NELES.	1 2 3 4 5
SOU UMA PESSOA SENSÍVEL AO TATO.	1 2 3 4 5
GOSTO DE ESTUDAR ESCREVENDO.	1 2 3 4 5

Agora, some a nota e encontre seu coeficiente para essa inteligência:

CORPORAL-SINESTÉSICA	TOTAL:

NATURALISTA

Forte interação com a natureza descreve essa inteligência. As pessoas que a têm sentem-se verdadeiramente parte do meio natural, têm uma intensa relação com plantas e animais, sentindo até que podem se comunicar com eles. Essa inteligência biológica pode garantir um negócio sustentável e que respeite o meio ambiente, lutando para a preservação do planeta – uma excelente missão. Quando o discurso vem alinhado com ações legítimas, ganha o respeito dos clientes e a simpatia do mercado.

A seguir, avalie seu grau de concordância com as afirmações conforme a escala abaixo:

1 NUNCA **2** RARAMENTE **3** ÀS VEZES **4** QUASE SEMPRE **5** SEMPRE

Afirmação	1	2	3	4	5
GOSTO DE ESTAR AO AR LIVRE.	1	2	3	4	5
AMO OS ANIMAIS.	1	2	3	4	5
GOSTO DE CULTIVAR PLANTAS E FLORES.	1	2	3	4	5
TENHO VONTADE DE TER UMA HORTA EM CASA.	1	2	3	4	5
QUERO, UM DIA, TER UMA CASA NO CAMPO.	1	2	3	4	5
GOSTO DE ATIVIDADES EM MEIO À NATUREZA.	1	2	3	4	5
SINTO-ME MAIS CONCENTRADA QUANDO ESTOU PERTO DA NATUREZA.	1	2	3	4	5
NÃO CONSIGO PASSAR MUITO TEMPO NA ÁREA URBANA.	1	2	3	4	5
GOSTO DE ALIMENTOS *IN NATURA*.	1	2	3	4	5
PROCURO CONSUMIR PRODUTOS SUSTENTÁVEIS.	1	2	3	4	5

Energia — um mergulho em você: sua principal força

Agora, some a nota e encontre seu coeficiente para essa inteligência:

NATURALISTA	TOTAL:

INTERPESSOAL

Essa é a inteligência do coletivo. Caracterizada pela facilidade na construção de relacionamentos, pela sensação de completude com a interação com outros humanos, pelo alto nível de consciência e compreensão na convivência com as limitações e potencialidades alheias. Compreender o outro e dominar a arte de extrair o melhor das pessoas que a cercam é um grande desafio para uma líder, e isso é o que melhor fazem as pessoas de inteligência interpessoal. Excelentes com trabalho em equipe, distribuem bem as tarefas, pois entendem as melhores aptidões de cada membro do time, além de serem boas negociadoras. Considero essa uma das principais inteligências para os negócios.

A seguir, avalie seu grau de concordância com as afirmações conforme a escala abaixo:

1 NUNCA   **2** RARAMENTE   **3** ÀS VEZES   **4** QUASE SEMPRE   **5** SEMPRE

SOU UMA PESSOA MUITO SOCIÁVEL E GOSTO DE ESTAR COM OUTRAS PESSOAS.	① ② ③ ④ ⑤
EU ME PREOCUPO COM OS SENTIMENTOS DOS QUE ME RODEIAM.	① ② ③ ④ ⑤
POSSO DIZER FACILMENTE SE ALGUÉM GOSTA DE MIM OU NÃO.	① ② ③ ④ ⑤

GOSTO DE ESPORTES COLETIVOS.	① ② ③ ④ ⑤
ADORO REUNIR OS AMIGOS.	① ② ③ ④ ⑤
SOU CONSCIENTE DA LINGUAGEM CORPORAL DAS OUTRAS PESSOAS.	① ② ③ ④ ⑤
ACHO PRAZEROSO SOCIALIZAR.	① ② ③ ④ ⑤
SOU BOA EM RESOLVER DISPUTAS ENTRE OS OUTROS.	① ② ③ ④ ⑤
GOSTO DE TRABALHAR EM EQUIPE.	① ② ③ ④ ⑤
PRECISO DE UM AMBIENTE DE TRABALHO HARMONIOSO PARA SER PRODUTIVA.	① ② ③ ④ ⑤

Agora, some a nota e encontre seu coeficiente para essa inteligência:

INTERPESSOAL	TOTAL:

INTRAPESSOAL

Essa é a inteligência daqueles com alta consciência de quem são e dos próprios sentimentos. É caracterizada pelo apreço ao silêncio e à própria companhia e por ter bem definidos seus objetivos – e, quanto a isso, é pouco romântica. A pessoa que tem essa inteligência é excelente em traçar planos para seu futuro, gosta de estudar sobre seus comportamentos, é entusiasta do autoconhecimento, gosta de simular situações para prever reações. Para os negócios, essa inteligência contribui para o senso de autorrealização. Como já vimos, não é possível ter sucesso sem a plena certeza do que ele representa.

Energia — um mergulho em você: sua principal força

A seguir, avalie seu grau de concordância com as afirmações conforme a escala abaixo:

1 NUNCA **2** RARAMENTE **3** ÀS VEZES **4** QUASE SEMPRE **5** SEMPRE

ESTABELEÇO METAS E PLANOS PARA O FUTURO.	1 2 3 4 5
GOSTO DE MEDITAR.	1 2 3 4 5
SOU MUITO INTERESSADA EM TESTES DE PERSONALIDADE E DE INTELIGÊNCIA.	1 2 3 4 5
POSSO PREVER MEUS SENTIMENTOS E COMPORTAMENTOS EM DETERMINADAS SITUAÇÕES COM BASTANTE PRECISÃO.	1 2 3 4 5
PREFIRO OS ESPORTES INDIVIDUAIS.	1 2 3 4 5
GOSTO DE APRENDER SOBRE MINHA PERSONALIDADE.	1 2 3 4 5
SEMPRE SEI COMO ESTOU ME SENTINDO.	1 2 3 4 5
SOU REALISTA SOBRE MEUS PONTOS FORTES E FRACOS.	1 2 3 4 5
TENHO UM DIÁRIO.	1 2 3 4 5
FICO FELIZ DE GASTAR MEU TEMPO FICANDO SOZINHA.	1 2 3 4 5

Agora, some a nota e encontre o coeficiente para essa inteligência:

INTRAPESSOAL	TOTAL:

Baseando-se nas maiores notas, escreva abaixo suas três principais inteligências:

....
....
....
....
....
....
....
....
....
....

É fundamental que você busque focar as tarefas nas quais suas principais inteligências a beneficiam e crie meios para delegar as tarefas que não fazem parte de seu rol de aptidões.

Estamos chegando cada vez mais perto de descobrir seu superpoder. Para gerar, em sua mente, a segurança de que necessita, agora vamos buscar suas principais forças em três categorias. Na categoria Forças Pessoais, suas principais virtudes. Na categoria Forças Sociais, suas principais características de sociabilidade. E, por fim, em Forças Profissionais, as aptidões que fazem de você uma profissional única.

A seguir, marque em cada uma das categorias todas as características com as quais se identifica, podendo completar caso alguma das suas forças não esteja na lista:

Energia — um mergulho em você: sua principal força

Forças Pessoais

> CONFIANÇA • DEDICAÇÃO • AUTOCONTROLE •
> AUTOESTIMA • REFLEXÃO • EXPERIÊNCIA • CUIDADO
> • CONCENTRAÇÃO • SAGACIDADE • CALMA •
> RESPEITO • ADAPTAÇÃO • DETERMINAÇÃO

Escolha a que você considera a mais forte de todas nesta categoria e escreva abaixo:

....
....

Forças Sociais

> PARTILHA • COMPREENSÃO • RESPEITO •
> COMUNICAÇÃO • ATENÇÃO • CONFIANÇA
> • SENTIDO CRÍTICO • ADAPTAÇÃO • EMPENHO •
> INDIFERENÇA • DEDICAÇÃO • COOPERAÇÃO

Escolha a que você considera a mais forte de todas nesta categoria e escreva abaixo:

....
....

Forças Profissionais

INOVAÇÃO • DETERMINAÇÃO • COMUNICAÇÃO • HONESTIDADE • COLABORAÇÃO • RESPEITO • LUCIDEZ • PRODUTIVIDADE • COOPERAÇÃO • CONCENTRAÇÃO • AUTOMATIZAÇÃO • APRENDIZAGEM • ORGANIZAÇÃO

Escolha a que você considera a mais forte de todas nesta categoria e escreva abaixo:

....
....

Escreva abaixo suas três principais forças:

....
....
....
....

Dica: transforme essas três palavras poderosas em um quadro e pendure em um lugar de seu ambiente de trabalho para usar como âncora positiva sempre que precisar se manter firme na luta.

Energia — um mergulho em você: sua principal força

Ainda tem dúvidas de como aplicar suas inteligências em seu negócio? Tome *Tatiana* como exemplo.

Ela tem uma habilidade incrível de transformar um corte de tecido em um deslumbrante vestido de baile em seu ateliê. Costura desde menina e sempre soube que era isso que a fazia feliz. Ela não se lembra de sua vida sem carretéis de linha e agulhas.

Tatiana cresceu, construiu uma família, tudo se desenvolveu, mas seu negócio continuou pequeno e com poucas perspectivas. Depois de participar de um de nossos eventos, ela decidiu que queria ser grande e entrou para nosso programa de mentoria, no qual desenhamos um plano de desenvolvimento e listamos várias ações que a levariam para outro posicionamento diante dos negócios e da vida.

O primeiro passo foi descobrir seu superpoder e entender melhor suas inteligências Pictórica e Espacial. Atividades diárias foram desenvolvidas para que aquela velha mentalidade fosse substituída por uma nova visão. Ela passou a delegar as tarefas que não faziam sentido para si, roubavam seu tempo e sua energia e não geravam resultados. Cada dia da semana passou a ser mais bem aproveitado e com uma atividade específica que precisava ser desenvolvida, orientada pela estratégia.

Sua postura diante da equipe e dos clientes mudou. O marketing deixou de ser arcaico, e as ideias, agora, vão além dos figurinos, pois ela deixou de ser a costureira empreendedora e se tornou empresária de um negócio de moda. Assim, ela conseguiu, mesmo em meio à pandemia de covid-19, mudar seu modelo de negócio e aumentar seu faturamento.

O que você sonha ganha força para se realizar se for compartilhado, pois o que existe apenas em sua mente não passa de imaginação, é coisa de momento, não é concreto. Mas o que é verbalizado ou escrito, de algum modo, se materializa no mundo físico, já se torna tangível. Assim como a diferença entre felicidade e realização. Felicidade, assim como a imaginação, é coisa de momento, não é tangível, não temos controle de como ou quando ocorre, é um sentimento. Realização é consolidação, leva tempo e esforço e exige colaboração. Sabemos exatamente do que precisamos para construí-la de maneira duradoura, porém, sozinha, é impossível construir consolidações grandiosas.[30]

Por isso, vamos reunir elementos que vão ajudá-la a ser feliz enquanto constrói sua realização, fazendo da jornada um processo prazeroso. Responda às perguntas a seguir sobre seus gostos pessoais para que possamos encontrar os últimos elementos de seu superpoder.

O que você mais ama fazer na vida?

....
....
....
....
....
....

---

[30] SINEK, S.; MEAD, D.; DOCKER, P. **Encontre seu porquê**: um guia prático para desenvolver seu propósito e o de sua equipe. Rio de Janeiro: Sextante, 2018.

Energia — um mergulho em você: sua principal força

O que você ama ler/estudar/assistir/fazer?

....
....
....
....
....
....
....
....

Qual é a característica mais marcante que as pessoas observam em você?

....
....
....
....
....
....
....
....

Chegamos ao grande momento! Tenho certeza de que depois do encontro consigo mesma nesse mergulho profundo as coisas parecem mais claras e sua principal força já está evidente. Agora, vamos ativar aquilo que vai tornar você e seu negócio um só! O chamado não pode mais ser ignorado. É hora de dominar o mundo!

==A partir de tudo que descobriu sobre si, suas inteligências e habilidades, escreva, em uma frase, qual você acredita ser seu maior poder.==

....
....
....
....
....
....
....
....

==Agora, escreva uma carta para você no futuro, prometendo que vai plantar agora para que possa colher os frutos!==

....
....
....
....
....

Energia – um mergulho em você: sua principal força

....
....
....
....
....
....
....
....
....
....
....
....
....
....
....
....
....
....
....
....

PARA ACESSAR, BASTA APONTAR A CÂMERA DE SEU CELULAR PARA O QR CODE AO LADO OU DIGITAR O LINK ABAIXO PARA DESCOBRIR O QUE FALAREMOS NO CAPÍTULO 7.

https://www.youtube.com/watch?v=amijoKUHWvI

EVOLUÇÃO – DESENVOLVA SEU
superpoder

Conhecer seu superpoder não é o suficiente, é necessário ativá-lo e, para isso, é preciso desenvolver as habilidades que a levarão de empreendedora intuitiva a empresária intencional. Nada contra ouvir a voz da intuição, mas suas ações precisam ser estratégicas e muito bem planejadas na direção que aponta seu sexto sentido. Uma Dona do Negócio não pode se deixar abater nem cometer erros básicos por negligência. Sua visão precisa estar sempre no próximo passo. O que está sendo executado hoje foi muito bem planejado antes, e o foco de seu trabalho hoje deve ser o que acontecerá a seguir.

Existem nove habilidades que considero primordiais para uma empresária de sucesso e que, juntas, compõem nossos três pilares – Energia, Evolução e Estratégia. Cada uma dessas habilidades é fundamental para seu processo de desenvolvimento. Nós somos seres únicos e recebemos talentos, mas, para empreender, necessitamos de recursos específicos em diversas áreas. Precisamos desenvolver todas essas habilidades até que tenhamos as condições necessárias para dar ênfase ao nosso talento e delegar as tarefas para as quais não temos dom natural. Vamos entender como desenvolvê-las para chegar aonde pretendemos.

Empreendedoras vivem problemas e desafios semelhantes em suas rotinas. Para cada problema ou desafio, existem técnicas específicas que, se estrategicamente aplicadas, podem nos ajudar a economizar tempo, energia e dinheiro – três recursos preciosos para uma mulher de negócios. Em minha jornada como empresária, criei meu arsenal de armas secretas, essas habilidades que compartilharei com você.

NO PILAR ENERGIA

Habilidade 1: Produtividade

Conheço muitas empresárias que usam o tempo como desculpa para não realizar seus sonhos. Pensamentos como *"não vou encarar esse projeto agora porque estou sem tempo"* são recorrentes em muitos casos. Quando o assunto é tempo, podemos classificar as empresárias em dois tipos: as que passam o dia inteiro trabalhando e sentem que não fizeram nem a metade do que poderiam, e as que definem prioridades, planejam o dia e produzem o que estava previsto.

É preciso ter em mente que há duas vias em seu negócio. A primeira é a estrada do curto prazo, tudo que precisa ser feito para gerar resultados e alcançar a meta deste mês, sem desespero, cumprindo o que foi estabelecido e com plena consciência de quantas horas por dia serão necessárias. A segunda é a estrada das conquistas de longo prazo, é para onde seu negócio está caminhando, onde estará em um, cinco e dez anos, o planejamento estratégico de movimentos semanais que lhe permitirão avançar para esse futuro. Um exemplo é este livro que você lê agora, um sonho que começou a se concretizar em 2019, quando fiz o primeiro movimento estratégico para chegar até a Editora Gente.

Prepare-se, mire e atire incansavelmente, sempre dividindo sua agenda entre estas duas vias: o hoje e o amanhã. Agindo assim, seu trabalho vai parar de ser como o de um bombeiro, no mundo das urgências, apagando incêndios. Para conciliar esses dois caminhos, apresento-lhe, a seguir, o passo a passo de um exercício.

- **Passo 1:** Divida suas metas em pequenas tarefas e defina marcos indicadores de performance; assim, poderá acompanhar o desenvolvimento de cada uma.

- **Passo 2:** Defina prazos para a execução dessas pequenas tarefas.

- **Passo 3:** Organize os recursos antes de começar a execução. Não comece a cozinhar antes de ter todos os ingredientes à mão.

- **Passo 4:** Foco na execução, uma tarefa de cada vez.

- **Passo 5:** Premiação! Dê a si mesma uma recompensa pela agenda cumprida e a meta batida."[31]

---

[31] BARBOSA, C. **A tríade do tempo**: família, trabalho e vida. São Paulo: Buzz, 2018.

Habilidade 2: Disciplina

Acredito que ninguém vence aquele que faz o simples de maneira sistemática todos os dias. Não é de feitos cinematográficos que um negócio é construído, e sim de ações triviais feitas com excelência dia após dia. Gosto de dizer que a excelência está, essencialmente, escondida nos detalhes. Só é possível atingir a primazia quando estiver disposta a pagar o preço da rotina. O autor canadense do livro *Os segredos da mente milionária*, T. Harv Eker, fala sobre a necessidade de "agir apesar do medo, apesar da dúvida, apesar da preocupação, [...] apesar da inconveniência, apesar do desconforto" e até "quando não estou com vontade de agir".[32]

Esse trecho do livro de Eker é, para mim, a maior definição de disciplina. Você sabe o que tem de ser feito, e nada pode pará-la. Se algo precisa ser executado, não negocie com sua mente. Nada de "mais cinco minutinhos" de soneca no despertador, muito menos criar desculpas para faltar a um compromisso. Conecte-se com o resultado final, e o meio justificará o fim. Quando estiver cansada por uma missão cumprida, durma um dia inteiro, assista a séries na televisão ou faça qualquer outra atividade ociosa que lhe permita relaxar, mas condicione sua mente para receber recompensas somente quando as demandas forem entregues, ou seja, por merecimento. Objetivos de curto prazo a farão agir agora, os de médio prazo a ajudarão a persistir, e os de longo prazo apontarão a direção a seguir. A disciplina a manterá firme para agir até alcançar o resultado desejado.

---

[32] EKER, T. H. **Os segredos da mente milionária**: aprenda a enriquecer mudando seus conceitos sobre dinheiro e adotando os hábitos das pessoas bem-sucedidas. Rio de Janeiro: Sextante, 1992.

Evolução – desenvolva seu superpoder

Para ajudá-la nesta etapa, faça o passo a passo do exercício a seguir.

==Passo 1: Escreva todas as tarefas do negócio que você não gosta de fazer e que sempre procrastina.==

....
....
....
....
....
....
....
....

==Passo 2: Para cada uma das tarefas do passo anterior, crie um pequeno prêmio possível para quando cumpri-la no prazo determinado. Assim, você se sentirá motivada a fazer o que precisa ser feito sem adiar.==

....
....
....
....
....
....
....
....

Objetivos DE CURTO PRAZO A FARÃO AGIR AGORA, OS DE MÉDIO PRAZO A AJUDARÃO A PERSISTIR, E OS DE LONGO PRAZO APONTARÃO A *direção a seguir.*

Habilidade 3: Protagonismo

Não é possível ser uma Dona do Negócio sem essa habilidade. Ser protagonista é parar de esperar por convites para atuar em grandes palcos e construir você mesma seu próprio palco. Montar o cenário, dispor as luzes, vender os ingressos, acomodar o público, preparar-se, vestir o figurino e entrar em cena. Comece pequeno, mas comece.

Em minha opinião, a atitude Dona Protagonista em nível máximo é:

Ela não abre mão de escrever as próprias regras. Constrói o próprio império porque quer, e não para provar nada para ninguém. Jamais aceita menos do que o topo. Sente-se segura e suficiente em sua própria companhia, mas, se acha uma parceria que venha para somar, não se importa em montar um time. Proatividade é seu nome do meio, e o que ela mais ouve são comentários sobre sua energia para ir à luta por seus sonhos. Sua intuição usa megafone, e, sempre que ela decide não a ouvir, quebra a cara e se culpa: "Por que não ouvi meu coração?".

Não costuma confiar em muita conversa, gosta de dados, fatos. Detesta quem conta muita vantagem, nada de ego inflado, quem fala por ela são seus resultados. Vive dos próprios recursos, paga seus boletos e, se dança funk e bebe cerveja em seus momentos de lazer, ninguém tem nada com isso, pois o que ela faz em seus momentos de diversão não anula sua competência.[33]

---

[33] EMPREENDEDORISMO FEMININO. [**Cheguei a conclusão que precisamos falar sobre isso!**]. 10 mar. 2019. Instagram: movinggirls. Disponível em: https://www.instagram.com/p/Bu1Q7ichw5R/?igshid=r7oej2idcp2z. Acesso em: 22 set. 2021.

A Dona Protagonista não treina funcionários, forma sucessores. Não se sente ameaçada, pois sabe muito bem quem é e aonde pretende chegar e, para isso, precisa de pessoas treinadas para dar conta de tudo enquanto ela aproveita a vida que conquistou.

Conselho bom é de quem tem resultados; críticas, só de quem já teve a coragem de ousar fazer. Criticar da arquibancada é fácil, nessa ela não cai. Até porque está superocupada e não lhe sobra tempo para se preocupar em agradar a mais ninguém. Se, no meio da jornada, ela encontra um obstáculo, parar não é uma opção. Ela já aprendeu que crescer dói e já se acostumou a performar convivendo com essa dor, que aponta a superação de mais uma fase importante da jornada. Os resultados, bons ou ruins, são de sua responsabilidade e, para ver seu negócio atingir o sucesso, ela faz o que for necessário e ainda vai além.

É exatamente assim que a vejo. Mas, se você ainda não se vê dessa maneira, tenho um bom exercício que deve fazer.

==Passo 1: Escreva quais atitudes precisa tomar a partir de hoje para se tornar a Dona Protagonista.==

....
....
....
....
....
....
....

Evolução – desenvolva seu superpoder

> **Passo 2: Quais hábitos precisa abandonar para ser a Dona Protagonista?**

....
....
....
....
....
....
....
....

NO PILAR EVOLUÇÃO

Habilidade 4: Liderança

Ser uma líder que tira o melhor de seu time, que torna a empresa lucrativa, competitiva e que a mantém sempre em expansão é o objetivo. Mas quais passos seguir para atingir a excelência em liderança é sempre uma interrogação. O primeiro ponto é, sem dúvida, a ação. Pare de adiar decisões e atitudes importantes. Sempre tem uma questão pendente que exige mais de seu emocional no aguardo do momento certo, e, assim, você cria uma bola de neve que pode trazer problemas graves em um futuro próximo.

Mantenha o foco; todos os dias aparecerão diversas oportunidades incríveis de expansão ou investimentos imperdíveis que não se relacionam em nada com seu ramo de negócio, seu público-alvo ou mercado. Não divida sua energia. Foco significa energia concentrada em uma única tarefa. Se seu negócio ainda não é grande o suficiente para prosperar sem você no comando, não é hora de diversificar, a não ser verticalmente, em produtos ou serviços complementares aos que tem hoje, que possam ser vendidos para o mesmo público que você já possui.

Faça previsões de cenários possíveis para cada estratégia que pense em implementar. A pergunta é: "E se?". "E se der certo?" Ótimo. "E se der errado?" Será possível arcar com as consequências? As sequelas serão suportáveis? Desenhar diversas possibilidades a deixará mais segura para tomar decisões com riscos calculados. Seja objetiva, nada de reuniões demoradas cheias de interferências que não farão diferença. Respeite seu tempo, o tempo de sua equipe e o tempo de seus fornecedores, nada de atrasos. A líder é o espelho. Para exigir dos outros compromisso com seu negócio, você, que é a Dona, deve servir de exemplo.

Domine sua ansiedade, não deixe que suas emoções dominem o jogo – uma mulher de negócios sabe dividir as coisas e não se deixar abater. Nos dias ruins, tire uma folga e volte mais forte depois. Seja gentil consigo mesma e com quem está ao seu redor. Lembre-se de que essas pessoas estão trabalhando para que você realize seus sonhos e para realizarem os sonhos delas também. Por isso, jamais pare de evoluir.[34]

Apresento, aqui, duas opções de exercícios que podem ajudá-la com a Liderança:

---

[34] JUSTOS, R. **O empreendedor**: como se tornar um líder de sucesso. São Paulo: Lafonte, 2013.

- **Opção 1:** Chame membros-chave de sua equipe para uma conversa e descubra quais são os sonhos pessoais que buscam realizar.

- **Opção 2:** Chame para uma conversa seu funcionário menos produtivo e investigue o porquê de seu atual baixo rendimento. Faça o que for necessário para que nem ele nem o negócio sejam prejudicados.

Habilidade 5: Inteligência Digital

Este mundo digital altamente conectado nos expõe a novos aprendizados diariamente. São milhares de termos criados todos os dias para explicar cada novo fenômeno, alguns importantes para entender como desenvolver a Inteligência Digital. Os seguintes comportamentos fazem parte dessa habilidade: gerenciar o *tempo de tela*, a quantidade de tempo que passa em frente a computadores e smartphones no seu dia a dia, organizando as demandas para não desperdiçar minutos valiosos em meio a tantas notificações; desenvolver o *pensamento crítico* para conseguir identificar as notícias falsas e barrar todo o resto de informações nocivas à saúde mental; compreender as *pegadas digitais*, os rastros que deixamos pelos caminhos que percorremos on-line, e suas consequências.

Em tempos tão nebulosos, muitos usam a internet de maneira inescrupulosa para fazer, às escondidas, o que, pessoalmente, não têm coragem. Precisamos estar preparadas para encarar as críticas e bloquear os que só querem disseminar o mal sem nenhuma empatia, praticando o *cyberbullying*.

A habilidade de cuidar dos próprios dados on-line, criando senhas fortes, é importante para garantir a *segurança digital*, que vem acompanhada da *privacidade e identidade digital*. Ter plena consciência do que publica e de como isso pode ser interpretado, além de ter capacidade de gerenciar sua reputação e seu nome no mundo on-line, assim como no mundo físico, a manterão segura.[35]

No mundo dos negócios atual, minha recomendação é: esqueça o analógico. Nada de manter o cadastro de seus clientes no caderninho. Se você já está em um nível mais avançado, esqueça também a agenda do smartphone ou as planilhas. Use um sistema pago para auxiliá-la a tomar decisões baseadas em dados. Abrace a tecnologia e, usando de maneira plena as ferramentas que tem à disposição, economizará muito tempo.

Para ajudá-la com a Inteligência Digital, proponho o seguinte:

> Liste três coisas que precisa fazer para deixar seu negócio mais tecnológico e ajudar a dinamizar e inovar seus processos de negócio.

....
....
....
....
....
....

---

[35] PEREIRA, F. **Consciência digital**: as 5 habilidades para ter autocontrole, foco e segurança na era digital. Porto Alegre: Caroli, 2019.

Habilidade 6: Inteligência Emocional

Ter controle de seus indicadores emocionais é o que separa as mulheres das meninas no mundo dos negócios. Eu sei que parece que o mundo está constantemente em um complô para vê-la surtar e que é muito difícil manter o controle quando alguém testa sua paciência, fazendo-a explicar a mesma coisa o tempo todo ou pedir mil vezes por uma mesma tarefa. Porém, trago boas notícias. Uma empresária que domina seu jogo interior é capaz de feitos extraordinários. Não é possível dominar suas emoções sem conhecê-las e, para isso, o primeiro passo foi dado no capítulo anterior: o autoconhecimento. Você já está um passo mais perto!

Crie seu sistema de recompensas (para cada meta, um prêmio), trabalhando seu próprio programa de motivação. O que muitos julgam acontecer de fora para dentro é, na verdade, o exato oposto; o verdadeiro desafio é a automotivação. Mantenha seu nível de energia equilibrado para fazer o que precisa ser feito, trabalhando, também, a atenção em propiciar o ambiente ideal para manter sua equipe motivada.

Trabalhe a tolerância e a compreensão. Cada pessoa reage conforme a cultura do meio em que foi criada. Seu modelo de mundo pode não fazer sentido para os demais, por isso busque sempre um caminho intermediário, trabalhe a empatia. Coloque-se no lugar do outro e procure a intenção positiva por trás dos fatos para manter a serenidade nas tomadas de decisão.

Encontra as melhores respostas quem faz as melhores perguntas, então pergunte-se: "Por que estou vivendo essa situação?". Invista em seu poder de influência. Esse é um excelente caminho para posicionar sua marca no mercado. Faça com que sua opinião seja levada em consideração pelos que a cercam. Isso acontece quando você expõe o que pensa. Estamos na era da opinião; as pessoas têm muita informação, mas não sabem muito bem o que fazer com ela, por isso buscam alguém sensato e com boas opiniões para tomar como influência.

Isso nos leva ao poder do relacionamento interpessoal, uma grande habilidade de quem domina sua inteligência emocional. Como vimos no capítulo anterior, essa é uma das múltiplas inteligências e garante a paz nos momentos de discordância, focando ganhar a pessoa, e não a briga, e é mérito das mulheres com alto equilíbrio emocional.[36]

Para ajudá-la com a Inteligência Emocional, trago um exercício.

Passo 1: Identifique uma situação que a tira do sério com frequência.

....
....
....
....
....
....
....
....

[36] LEANDRO MARCONDES (Brasil). **O Poder Milionário Do Networking**. 4 abr. 2019. Facebook: leandromarcondes. Disponível em: https://www.facebook.com/leandromarcondes/videos/2110369495726201/. Acesso em: 22 set. 2021.

Passo 2: Escolha sete palavras.
Podem ser os números de um até sete, o nome dos sete anões ou outras sete de sua preferência.

....
....
....
....
....
....
....
....

Passo 3: Quando a situação do passo 1 acontecer novamente, antes de responder, fale, em voz alta ou em pensamento, as sete palavras que escolheu. Assim, antes de perder a cabeça, terá alguns segundos para respirar e voltar à razão.

NO PILAR ESTRATÉGIA

Habilidade 7: *Networking*

O *networking* é uma habilidade fundamental em um mundo globalizado. Vivemos em meio a um imenso volume de informações que ficam obsoletas em segundos. Entre elas, é preciso escolher em quais confiar, em qual fonte nos apoiar. Não podemos nos esquecer de que somos seres afetuosos e, em um momento de decisão entre um conhecido e um desconhecido, a mente humana sempre decidirá pelo conhecido, faz parte do nosso mecanismo de defesa. Por isso, construir uma rede de relacionamentos formada por pessoas que fazem parte do mundo que você quer conquistar é essencial para atingir resultados positivos.

É importante ressaltar que seu modelo mental é fruto do meio em que vive, ou seja, tudo que você pensa e reproduz é uma média das pessoas com quem mais convive. Então busque participar de imersões, workshops e eventos profissionais que lhe proporcionem contato com outras empresárias. Assim, além de evoluir em aprendizado, conhecerá pessoas novas e aumentará sua rede de contatos. Para preservá-la, é importante manter sua rede assistida; nada de fazer contato somente quando precisar de ajuda. Lembre-se de que o mundo é pautado por uma troca de interesses; desse modo, procure ser interessante, não interesseira.

Transforme seus clientes em parceiros. Cada um de seus consumidores é um nanoinfluenciador e possui uma rede de relacionamentos que confia em sua indicação. Crie um universo de marca para seu negócio. Faça do momento de consumir seu produto ou serviço uma experiência e deixe que os clientes propaguem-na em suas próprias comunidades.[37]

Rapport é uma ferramenta interessante nesse jogo. O termo tem origem na palavra francesa *rappoter*, que significa criar uma relação.

---

[37] LEANDRO MARCONDES (Brasil). **O Poder Milionário Do Networking**. 4 abr. 2019. Facebook: leandromarcondes. Disponível em: https://www.facebook.com/leandromarcondes/videos/2110369495726201/. Acesso em: 22 set. 2021.

Evolução — desenvolva seu superpoder

Trata-se do conceito da psicologia que consiste em uma técnica para criar empatia no processo de comunicação. Fazendo uso dessa técnica, abrem-se caminhos de comunicação com níveis mais baixos de resistência.[38] O autor estadunidense Anthony Robbins diz que: "*Rapport* é a capacidade de entrar no mundo de alguém, fazê-lo sentir que você o entende e que vocês têm um forte laço em comum. É a capacidade de ir totalmente de seu mapa do mundo para o mapa do mundo dele".[39] Ou seja, é aquele nível de entrosamento em uma conversa de horas que faz com que os envolvidos nem vejam o tempo passar. Se você dominar essa técnica e investir em sua rede de relacionamento, será rapidamente reconhecida como autoridade em seu mercado.

Para ajudá-la a trabalhar seu *Networking*, faça o exercício a seguir.

==Passo 1: Liste cinco nomes de amigos com quem não fala há algum tempo.==

....
....
....
....
....
....
....

---

[38] ANDRADE, M. Rapport: o que é e como usar essa poderosa arma de persuasão a favor da sua agência. **Agências de resultados**, 11 maio 2021. Disponível em: https://resultadosdigitais.com.br/agencias/o-que-e-rapport/. Acesso em: 22 set. 2021.

[39] ROBBINS, T. **Desperte seu gigante interior**: como assumir o controle de tudo em sua vida. Rio de Janeiro: BestSeller, 2017.

Passo 2: Envie uma dica ou conteúdo para cada um deles com a frase: "Lembrei de você". Repita isso toda semana, assim manterá sua rede sempre aquecida.

Habilidade 8: Comunicação

Ter um negócio depende fundamentalmente de sua capacidade de comunicação. É imprescindível que você use essa habilidade com maestria. O ato de se comunicar não começa na mente, e sim no coração. O que sai da nossa boca é reflexo do que sentimos. Sensações tornam-se ideias, e, só então, processamos em palavras o que acreditamos. A grande preocupação de quem comunica deve ser expressar o que pensa da melhor maneira para que seja compreendido pelo receptor. Eis, então, o grande desafio da comunicação: entender quem é seu receptor e de onde ele vem para escolher a melhor maneira de se comunicar, atingindo o máximo de assertividade possível.

Todos os grandes projetos, sejam de marketing, sejam de vendas, assim como este livro, são iniciados pelo estudo da *persona*. Nesse momento, é feito um mapa que detalha especificamente quem é o público-alvo, composto do conjunto de características que o descrevem: quem é, quais são suas preferências, com quem vive e tudo que possa deixar a comunicação objetiva e empática. Se a comunicação depende de conhecer bem o interlocutor, posso afirmar, com segurança, que, para ser uma boa comunicadora, é preciso ser uma excelente ouvinte, com um aguçado poder de observação. Para alguns perfis, essa tarefa não é nada fácil, porém

Evolução — desenvolva seu superpoder

plenamente possível. Exige somente dedicação, atenção plena e estado de presença para receptar a comunicação verbal e não verbal do outro.

Prepare-se. Comunicar exige técnica. Domine o conteúdo da mensagem, fique atenta à reação de quem a está recebendo, ajuste o tom de voz e planeje o que vai falar. Em uma comunicação de vendas, chamamos a estrutura da mensagem de *copy*, um texto milimetricamente planejado para persuadir o interlocutor a comprar um produto ou serviço. Não pode ser mecânico, precisa de fluidez, mas precisa ser intencional.

A seguir, apresento um exercício que vai ajudá-la a desenvolver sua habilidade de comunicação.

Passo 1: Escreva sua história empreendedora de uma maneira envolvente, como se fosse vender sua palestra para uma contratante.

....
....
....
....
....
....
....
....
....
....

....
....
....
....
....
....
....

==Passo 2: Grave um vídeo contando essa história. Essa é uma excelente maneira de desenvolver essa habilidade. Não se esqueça de me marcar (@ulianaferreira) quando publicá-lo no Instagram. Vou amar conhecer sua história!==

Perceba a influência da comunicação no negócio com o caso de *Maria*.

Ela tem uma escola de ensino fundamental na qual é sócia de seu marido e onde trabalha com sua filha mais velha. Após muitos anos desde a última experiência de cuidar de um bebê, foi surpreendida por gêmeos deixados em sua porta. A decisão de adotá-los, somada aos cuidados de que dependem o marido, a filha adolescente, a casa e a escola, afastou-a de si mesma. Ela já não sabia mais como poderia colaborar com o negócio quando retornou. Faltava clareza em relação a seu superpoder.

Foi quando ela conheceu nosso método e, aplicando as ferramentas durante uma de nossas imersões, identificou a comunicação como seu superpoder e todas as oportunidades que seu negócio estava deixando passar sem ela na linha de frente. Prova disso foi que, uma semana depois de reassumir o setor de atendimento da empresa, com uma nova postura e aplicando tudo que descobrira sobre si, reposicionando seu comportamento como empresária, a escola teve um aumento de 30% no número de matrículas.

Habilidade 9: Processos

Independentemente do tamanho que seu negócio tenha hoje, você precisa cuidar dele como se fosse um organismo vivo. Cada setor que compõe esse organismo tem uma tarefa a cumprir, e a união dessas tarefas resulta em um funcionamento harmônico. Esses setores precisam de um modelo único de comunicação que os interligue de maneira assertiva e consistente, evitando uma comunicação meramente intrassetorial e ineficiente. Tudo isso deve levar em consideração todos os elementos que compõem o sistema: pessoas, tecnologia e matéria-prima. Por isso, é fundamental que a empresária tenha um mapa de seus processos de ponta a ponta.

O desenho de seu processo é iniciado na compra de insumos de produção ou prestação de serviço ou na compra de produtos para revenda e somente é finalizado no pós-venda. Parece simples, mas, na prática, o sistema é bastante complexo. Exatamente por esse motivo, a empresária precisa ter muita clareza de cada tarefa da operação, com uma padronização de execução para que o negócio se torne replicável e escalável. Esse nível de maturidade só é possível se a gestora estratégica da empresa tiver um raciocínio direcionado para a construção e execução de processos. Esse é o segredo dos negócios consolidados que encantam clientes. Segundo o especialista de processos Jones Ferreira, "gerar experiências positivas com o cliente ativa o engajamento em longo prazo".[40]

É necessário ter muita disciplina para cumprir padrões quando é você quem executa as tarefas de todos os setores. Por se sentir confiante, às vezes, pode relaxar, e os padrões e sequências são preteridos. É assim que pequenos negócios quebram antes de crescer. Se você age assim, está na hora de abandonar velhos costumes que a impedem de alcançar o negócio dos seus sonhos. Para dar início à implantação de uma cultura de processos em seu negócio, proponho um exercício.

==Passo 1: Escreva toda a jornada da operação de seu negócio, desde o momento zero de produção ou compra até o feedback do cliente, de maneira macro, sem muitos detalhes.==

....
....
....
....
....
....
....
....
....

---

[40] MENTOR EM JORNADADOCLIENTE. **[Gerar experiências postivas com o cliente ativa o engajamento de longo prazo.]**. 14 abr. 2020. Instagram: jones.bpm. Disponível em: https://www.instagram.com/p/B-_BnGSJI1B/?utm_medium=copy_link. Acesso em: 22 set. 2021.

Evolução — desenvolva seu superpoder

Passo 2: Agora, escreva cada tarefa de cada uma das etapas do passo anterior.

....
....
....
....
....
....
....
....

Passo 3: Por fim, identifique os problemas que precisam de melhorias e um plano de ação para isso, incluindo como fazer, quanto vai custar e quando você trabalhará para resolver esses problemas.

....
....
....
....
....
....
....
....
....
....

Para encerrar este capítulo com chave de ouro, vamos entender como você percebe e classifica seu desempenho em cada uma das nove habilidades sobre as quais discorremos. Pinte as células de cada uma das fatias do gráfico no sentido do centro para a ponta conforme a nota que deseja dar a si mesma.

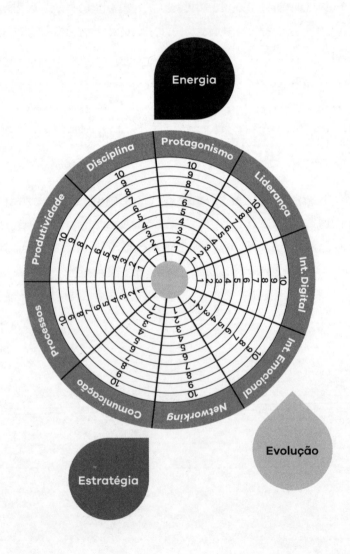

Evolução — desenvolva seu superpoder

Agora, responda: o que você vê no gráfico formado? Qual dessas áreas precisa de mais foco na realização dos exercícios? Qual área precisa ser desenvolvida para ajudar a alavancar todas as outras?

Falta pouco! No próximo capítulo, vamos criar sua nova identidade, afinal, toda super-heroína tem um traje especial e vários elementos que compõem seu universo e a auxiliam na sua missão de construir um mundo extraordinário. Preparada para criar o seu? Vamos lá!

PARA ACESSAR, BASTA APONTAR A CÂMERA DE SEU CELULAR PARA O QR CODE AO LADO OU DIGITAR O LINK ABAIXO PARA DESCOBRIR O QUE FALAREMOS NO CAPÍTULO 8.

https://www.youtube.com/watch?v=aMhn6K0UBB0

Capítulo 8

ESTRATÉGIA – MOSTRE SEU PODER PARA O mundo

Quando mulheres comuns como eu ou você ativam seu superpoder, seu propósito na Terra fica nítido e não há mais dúvidas sobre o que precisa ser feito. O "o que" fica extremamente claro, e você passa para o próximo nível de dificuldade: o "como". Assumir a missão de criar nosso mundo extraordinário e de proteger os que amamos fica mais leve quando se age por meio da influência. Promover, de maneira estratégica, inspiração em quem nos cerca é a arma secreta para propagar a mensagem.

Quando você compreende o poder dessa arma, é sinal de que os bloqueios já foram vencidos. A voz interior, que antes só apontava defeitos e consumia seus pensamentos com culpa e medo, agora foca o que verdadeiramente importa. Se há timidez, ela é substituída por uma força arrebatadora que a mobiliza para compartilhar os conhecimentos adquiridos com a experiência e ajudar outras pessoas a prosperar. E, quanto mais fiel à sua essência, quanto mais honesta com seus valores e intuições, quanto mais despida de padrões você for, mais pessoas atingirá.

Em nossas mentorias e imersões, eu já ajudei milhares de empresárias a se tornarem autoridade em seus mercados. Se posicionar no mundo físico e no mundo digital de maneira profissional pode ajudar a levar sua mensagem a lugares que você nunca sonhou ou nem sabia ser possível. Sei que a ideia de ganhar visibilidade assusta muitas pessoas, mas, acredite, isso pode ser feito de maneira segura e sem danos à sua privacidade – afinal de contas, é você quem escreve as regras.

Vamos construir, agora, seu PIP.

"Uliana, o que é um PIP e por que preciso de um?"

PLANO DE IDENTIDADE PODEROSO (PIP)

Um PIP é uma maneira profissional de construir uma imagem pessoal para que você seja interpretada pela sociedade, no mundo físico, e por sua audiência, no mundo digital, exatamente da maneira que deseja. Tornar seu modo de ser, se vestir, se divertir, trabalhar, cuidar da família etc. um estilo de vida de acordo com a estratégia e o mercado que quer atingir. Ser intencional e saber quais recortes de seu dia devem ser mostrados para transmitir a imagem certa sem devassar sua intimidade.

Um PIP é um projeto para a vida toda, por isso deve ser fiel a quem você é, e não um protótipo de alguém que admira ou gostaria de ser. Você já conhece seu superpoder e todas as suas melhores habilidades; use-os como base para essa elaboração. O objetivo é

Estratégia — mostre seu poder para o mundo

definir quais atributos de sua personalidade deixará visível a todos para melhor projetar a mensagem que deseja e gerar nas pessoas a emoção certa. Para profissionais liberais que empreendem a própria carreira, esse é o primeiro passo para um negócio de sucesso. Para quem tem uma empresa, seja na indústria ou no varejo, isso pode não fazer muito sentido, mas, confie em mim, esse passo mudará seu jogo.

Você tem presença nas redes sociais de maneira pública? Um perfil aberto, seja seu, como profissional, seja de sua empresa, em que você apareça com certa frequência, é extremamente importante. Pessoas compram de pessoas e precisam saber quem é a Dona do Negócio. A internet, hoje, é o único meio de manter seu negócio vivo, é a principal mídia do mundo, e sua presença com um posicionamento estratégico pode representar a diferenciação da concorrência que você tanto busca e até mesmo a sobrevivência da empresa, como constatamos com o caos da pandemia de covid-19.

Qual será sua principal rede social?

....
....
....
....
....
....
....
....
....

Amigos e familiares sabem com o que você trabalha? Eles conhecem seu negócio e sabem o que você vende? Clientes e fornecedores sabem que você é a Dona do Negócio? Ou, quando as pessoas pensam em seu negócio, o rosto de que se lembram é o de seu gerente ou o da vendedora que os atende?

Mesmo que o negócio seja gigante, com milhares de funcionários, o rosto de quem o criou precisa estar ligado à marca. Não tenha medo de mostrar para as pessoas que foi você quem o criou. Se você colocou sua essência e seu suor no negócio, não tem chance de as pessoas desconectarem você da marca: vocês são uma só. A concorrência pode copiar produtos, comprar no mesmo fornecedor, levar pessoas de sua equipe, denunciar seu negócio a órgãos reguladores, e eu poderia ir até a última página deste livro só discorrendo sobre o que seu concorrente é capaz de fazer, mas eu sei de uma coisa que eles jamais serão capazes de copiar: **VOCÊ!**

Tome *Camila* como exemplo.

Ela é uma jovem mulher que descobriu, no empreendedorismo, sua paixão avassaladora, capaz de fazê-la trancar a universidade federal para ter mais tempo para investir em seu negócio de acessórios. Por muito tempo, pessoas de seu círculo de relacionamento compraram em sua loja on-line sem saber que ela era a Dona do Negócio. Ela escrevia lindos bilhetes de gratidão a quem comprava suas peças e assinava em nome da loja. Evitava aparecer e não queria que a loja fosse ligada à sua imagem pessoal. O grande desafio de Camila era colocar seu rosto nas redes sociais da loja, pois o Cavaleiro da Perfeição que falava em sua mente a convencia de que as pessoas não iriam gostar dela ao conhecê-la, o que faria os clientes se desconectarem de sua marca. Ela me contou isso aos prantos em uma sessão de mentoria. De maneira subconsciente, sua necessidade de aprovação a devorava. Depois de entender que ela e a empresa eram uma só, durante a imersão, prometeu aos colegas de turma que faria uma live na mesma noite. Com o apoio da comunidade, a live foi um sucesso. Clientes que já a conheciam descobriram quem era a Dona do Negócio e confessaram que, se tivessem sabido antes, teriam comprado mais vezes.

Contar para o mundo quem é você é honrar a jornada e ter orgulho de tudo que viveu. O caminho até aqui não foi nada fácil, então pare de guardar tudo isso aí dentro e deixe o mundo sentir toda sua potência. Sei que dá medo, mas ter coragem é agir apesar do medo. Seu mundo precisa de você!

PIP - JORNADA DA HEROÍNA

A melhor e mais importante história é, sem dúvida, "Como tudo começou". Precisamos organizar os fatos na sequência certa e de maneira estimulante para prender a atenção da audiência. Responda às perguntas a seguir para estruturarmos os tópicos principais na sequência certa.

1. Quem era você antes do negócio?

....
....
....
....

A DONA DO NEGÓCIO

2. Qual era o problema que precisava ser resolvido quando decidiu abrir o negócio?

....
....
....
....
....

3. Explique, de maneira simples, o que seu negócio faz.

....
....
....
....
....

4. Quais erros cometeu no início?

....
....
....
....
....
....
....

Estratégia — mostre seu poder para o mundo

5. Quais foram as principais lições do início da jornada?

....
....
....
....
....
....

6. Se o negócio não tivesse dado certo, o que teria acontecido?

....
....
....
....
....
....

7. O que você fez para o negócio dar certo?

....
....
....
....
....
....

8. Quais são os resultados de seu negócio hoje?

....
....
....
....
....
....
....
....
....
....

9. O que deseja para seu futuro como Dona do Negócio e para o futuro do empreendimento?

....
....
....
....
....
....
....
....
....
....

Estratégia — mostre seu poder para o mundo

Agora, transforme essas respostas em um texto contando sua jornada.[41]

....
....
....
....
....
....
....
....
....
....
....
....
....
....
....
....
....
....
....
....
....
....
....
....

[41] PALACIOS, F; TERENZZO, M. **O guia completo do storytelling**. Rio de Janeiro: Alta Books, 2016.

Esse roteiro pode ser usado para um vídeo institucional de sua empresa, para uma palestra, um livro, enfim, as possibilidades são infinitas. Os valores e lições que estão implícitos nessa história precisam ser seu mantra, e a história precisa ser repetida incontáveis vezes até que seus bisnetos a repitam para seus próprios netos quando se lembrarem de você.

PIP - ATRIBUTOS

Agora, vamos falar de como as pessoas a veem. Abra uma caixa de perguntas em seu Instagram e faça, para sua audiência, a seguinte pergunta: "Quando se lembra de mim, quais são as três palavras/adjetivos que vêm à sua mente?". Reúna as palavras e construa um ranking, separando-as em três categorias.

1. **Faz sentido para minha estratégia e mercado de atuação.**
   Esta categoria aponta que você está no caminho certo. Quanto maior o número de atributos nesta categoria, melhor. Sinal de que sua imagem está alinhada com a mensagem que quer transmitir.

2. **Não faz sentido para minha estratégia e mercado de atuação.**
   Ter muitas palavras nesta categoria é um sinal de alerta. É urgente uma mudança na imagem que está imprimindo na mente das pessoas.

3. **Completamente inesperadas.**
   É preciso pensar e refletir sobre cada uma das palavras que aparecerem nesta categoria. Aqui, podem estar escondidas boas oportu-

nidades de negócio. As pessoas estão atribuindo a você qualidades que podem abrir margem para novos mercados e novos produtos ou serviços.

ESTEJA ATENTA ÀS PALAVRAS QUE APARECEM DE MANEIRA REPETIDA; ELAS SÃO UM INDÍCIO MUITO FORTE DA IMAGEM QUE ESTÁ TRANSMITINDO HOJE. ESSE RESULTADO VAI AJUDÁ-LA A IDENTIFICAR O GRAU DE DISSONÂNCIA ENTRE SEU POSICIONAMENTO ATUAL E O QUE PRETENDIA TER.

Plano de Ação:

Quais conteúdos, coleções, produtos ou serviços você pode criar para contar sua história? Como agregar a eles os atributos citados na pesquisa que deseja reforçar, usando, também, outros que deseja fixar na mente do cliente, aliando você e sua empresa e criando algo extremamente original? O objetivo é fazer com que as pessoas contem sua história.

➦ Dica: é importante usar os atributos que são pontos fortes em destaque.

....
....
....
....

....
....
....
....
....
....
....
....
....
....
....
....
....
....
....
....

Posicionamento Único:

Imagine que você tem uma folha de papel em branco e pode criar uma marca do zero, com um produto novinho e incrível. Esse produto irá para a prateleira de um supermercado, competir com outros produtos da mesma categoria, que resolvem o mesmo problema ou desempenham a mesma função. É preciso pensar com cuidado em como não parecer barato demais ou caro demais. O desafio é se tornar atraente na medida certa, pois o produto que não consegue se destacar fica encalhado e logo será vendido pela metade do preço em uma liquidação – e você quer evitar isso.

Estratégia – mostre seu poder para o mundo

O fato é que não é tarefa fácil encontrar seu ponto de diferenciação. Vai levar tempo, serão muitas tentativas e erros, mas, uma hora, aquilo que procura se apresentará para você. Atente ao verbo "procurar", pois só é possível encontrar algo que se está procurando, do contrário, isso pode se apresentar e você não dará importância. O que quero dizer é que a busca pelo fator de diferenciação precisa ser intencional.

PIP – IMAGEM PESSOAL

Um "pré-conceito", no sentido de conceito prévio e sem muitos fundamentos, é construído na mente de uma pessoa em apenas trinta segundos. Contra isso, não dá para lutar; trata-se de um impulso cognitivo. Por esse motivo, a imagem pessoal tem grande colaboração na construção de uma marca.[42]

Para construir a imagem que deseja, recomendo um exercício de modelagem. Selecione algumas imagens de mulheres cujas características gostaria de ter. Observe como elas se vestem, que corte de cabelo têm e quais acessórios usam. Agora, olhe para seu guarda-roupa e entenda como combinar as peças para que transmita uma imagem semelhante. Atenção: nada de loucuras! Não precisa sair comprando tudo novo. Com calma, a partir de agora, direcione seu olhar para construir o guarda-roupa certo.

---

[42] BENDER, A. **Personal Branding**: construindo sua marca pessoal. São Paulo: Integrare, 2015.

Vale ressaltar que existem profissionais consultoras de estilo incríveis para identificar as cores que a favorecem aliadas à imagem que deseja passar. Se for possível fazer esse investimento no momento, faça, pois vale muito a pena. O quanto seu negócio vende é diretamente proporcional à imagem que você transmite.

Quando estiver com o visual certo, correspondente à imagem que quer passar, invista em um ensaio de fotos profissionais, com ângulos e poses que transmitam a mensagem desejada. Escolha a que melhor a representa e use como foto oficial nos perfis de todas as suas redes sociais de maneira padronizada.

PIP - ELEMENTO DE IDENTIFICAÇÃO

Que imagem a representa? Se você fosse uma bandeira, que símbolo estaria estampado nela? O exercício é escolher um emoji que a caracterize. Na sua logomarca, há um ícone ou elemento que possa ser replicado? Em 2018, quando comecei o processo de construção do meu PIP, sabendo que meu superpoder é minha habilidade de comunicação e que meu objetivo sempre foi ser reconhecida como autoridade em aceleração de vendas, escolhi como elemento de autoridade o foguete. Usei em roupas e brindes, e ele estava sempre visível em palcos e *lives*. Até hoje, as pessoas me marcam em fotos e vídeos na internet quando encontram algo com foguetes, ganho muitos presentes com elementos espaciais e, em minha pesquisa de atributos, sempre aparece a palavra "foguete" – evidências de que meu nome foi associado a esse elemento na mente da minha audiência.

Para escolher seu elemento, leve em consideração as características boas e ruins que podem ser associadas a ele. O foguete, por exemplo, representa velocidade, energia, força e inovação, mas também pode remeter a algo mecânico, frio, sem sentimentos. As características ruins do elemento, nesse caso, podem ser facilmente contornadas com uma boa história. Essa análise precisa ser feita com distanciamento, sem o apreço emocional criado pelo elemento.

Fuja dos clichês. Borboletas para quem trabalha com transformação, por exemplo, é um desses elementos supermanjados. Mas, se optar por um deles, prepare uma boa história e massifique-a com repetições diárias.

Qual será seu Elemento de Identificação?[43]

....
....
....
....
....
....
....
....
....
....

[43] Ibidem.

PIP - CONTEÚDO

Defina sua pauta. Em qual área você quer ser reconhecida? Sabe aquilo que todos querem saber como você faz, aquele tema que você já estuda e coloca em prática há tanto tempo que parece que nasceu sabendo? Qual assunto conhece bem e sabe que, se pudesse ensinar, ajudaria outras pessoas a não tropeçar nas mesmas pedras que você durante a jornada?

"Uliana, mas, se eu ensinar o que sei, meus concorrentes vão me copiar."

Esse tipo de pensamento faz parte da mentalidade de escassez. Você deve pensar que vai ensinar o que aprendeu no passado e, quando as pessoas chegarem aonde está agora, você já estará bem longe daí. Você é uma Dona do Negócio que aplica os 3 Es – Energia, Evolução e Estratégia. Quem está em constante estado de evolução tem um negócio tão diferenciado que não dá margem para a concorrência. Quando você é copiada, é sinal de que está à frente dos demais e dita o ritmo do mercado. Por isso, substitua esse pensamento que bloqueia sua prosperidade por um novo pensamento: **QUANTO MAIS PESSOAS EU AJUDO, MAIS DINHEIRO EU GANHO.**

==Agora, responda: qual é o supertema no qual gostaria de ser reconhecida como autoridade?==

....
....
....
....

Crie subtemas dentro do universo de seu supertema e explore-os, compartilhando em diversos formatos, como:

- Listas de dicas técnicas de "como fazer" ou "o que não fazer";
- Dicas de livros;
- Descrição de sua rotina e da maneira como executa tarefas do dia a dia;
- Explicação de por que seu produto é bom e esgota rápido;
- Demonstração de resultados dos seus clientes e depoimentos da jornada deles com seu negócio.

Explore, também, as demais características que compõem seu conteúdo:

==Quais palavras e jargões você repete sempre e já são sua marca? Aquelas que as pessoas usam quando a citam e que as fazem lembrar de você quando escutam.==

....
....
....
....
....
....
....
....
....

Quais são seus traços marcantes?
O que seria evidenciado em uma caricatura sua ou
é facilmente imitável em sua personalidade?

....
....
....
....
....
....
....
....
....
....

Esses elementos, atribuídos a seu conteúdo, vão gerar autoralidade e posicioná-la de maneira diferenciada.

PIP - IDENTIDADE VISUAL

Em um mercado extremamente competitivo, um visual poderoso pode garantir permanência na mente dos consumidores. O objetivo da identidade visual é tornar sua marca memorável, e, para isso, um conjunto de elementos gráficos compõem seu universo de marca e completam seu posicionamento perante os clientes.

Estratégia — mostre seu poder para o mundo

Toda investigação que fizemos desde o início do livro subsidia uma boa criação de identidade visual. O primeiro elemento desta etapa do processo é a composição de um *moodboard* de sua marca. Vamos a ele!

Moodboard

É uma espécie de painel que pode ser composto de imagens, vídeos e elementos visuais que representam a essência de sua marca. Quem se apropria bem dessa ferramenta é a arquitetura, que, antes de elaborar um projeto, define os elementos de inspiração. No *moodboard*, é definido como sua marca será visualmente transmitida para o mundo. Para construir a identidade visual, o designer gráfico monta um painel de sua marca com os seguintes elementos:

Paleta de cores: A seleção de cinco ou seis tons que serão utilizados como suas cores padrão. Você deve escolher a cor central de sua marca para a logomarca, além de pelo menos três cores em tons pastéis e três mais vibrantes com as quais poderá trabalhar. Para defini-las, recomendo pesquisar novos tons e combinações, além de analisar a psicologia das cores para entender o que cada uma representa e é capaz de despertar nas pessoas.

Tipografia: Defina qual tipo de letra ou fonte usará. Assim como é necessária uma paleta de cores para sua comunicação ganhar a conotação certa, uma tipografia adequada vai ajudar a transmitir credibilidade. "Mas como vou saber qual é a fonte ideal para minha marca?" O ideal é que você pesquise e defina a escolha com base na mensagem que quer passar. Isso mesmo, o mundo das fontes também tem sua explicação psicológica!

Elemento de Identificação: Já falamos desse elemento e também sabemos o que significa. Ele é importante na composição de seu *moodboard* e pode, também, compor sua logomarca.

Logomarca: Essa é fácil! A representação visual de seu negócio.

Imagens: Um banco de imagens composto de fotografias de seus produtos/serviços para divulgação e vendas, além de fotos suas profissionais para dar um rosto à marca. Fotos de eventos e palestras, da fachada de sua loja, enfim, todas que a ajudem a compor esse arquivo. Para as imagens, deve-se levar em conta alguns aspectos:

- As fotografias devem ter enquadramento e fundo definidos, além de ser importante sempre atentar para luz e sombra.
- O uso de imagens de bancos de imagens deve seguir algumas características parecidas: o tom das fotos, por exemplo, deve ser semelhante ao das fotos tiradas ou encomendadas por você.
- O mesmo serve para as ilustrações, que devem manter a identidade visual da marca, além de condizer com a mensagem a ser transmitida.
- Por fim, lembre-se de que as imagens devem ter SEMPRE alta qualidade.

Estratégia — mostre seu poder para o mundo

Entenda melhor a importância do PIP com o caso de *Verônica*.

Decoradora de eventos de muito talento, tem uma loja de varejo de produtos para festas, a única de sua região, cujo mercado é extremamente aquecido e recebe muitos casamentos. Ela tinha muitas ideias, mas vivia bloqueada para a ação por não saber como posicionar sua marca com o mesmo requinte e capricho de suas ideias de decoração. Estava presa em um dilema entre manter o nome atual da loja e assumir seu nome como marca, além de estar com dúvidas sobre paleta de cores e sobre como trabalhar sua imagem nas redes sociais.

Ela, então, decidiu buscar nossa consultoria para a construção de seu Plano de Identidade Poderoso (PIP). Com o direcionamento do resultado da pesquisa de atributos, escolheu colocar na fachada da loja seu nome e sobrenome como uma nova marca, desenvolvida em harmonia com o posicionamento que determinou para seu negócio. Verônica passou a se preocupar com sua imagem e a de sua equipe e mudou o visual dos uniformes. Com o novo posicionamento, clientes maiores começaram a aparecer. Agora, ela se sente mais segura para divulgar seu negócio por toda a região, e seu faturamento não para de aumentar.

Para que tudo que vimos até aqui saia do campo das ideias, vamos construir um plano de ação para cada um dos elementos, determinando metas, tarefas, recursos necessários e prazos para serem realizadas.

A DONA DO NEGÓCIO

ELEMENTO DO PIP	TAREFAS	RECURSOS	PRAZOS
Jornada da Heroína	Divida a meta em pequenas tarefas. Exemplo: • Criar um roteiro contando a história do negócio. • Gravar um vídeo contando essa história.	Quanto custará e de que recursos precisará. Exemplo: • Resevar três horas para a tarefa. • Reservar R$ 500,00 para filmagem e edição.	Quando será feito. Exemplo: • 2/7, quarta-feira, farei o roteiro. • 7/7, segunda-feira, será a gravação.
Atributos			
Imagem Pessoal			
Elemento de Identificação			
Conteúdo			
Identidade Visual			

Estratégia — mostre seu poder para o mundo

Esse modelo de planejamento pode ser facilmente replicado para todas as demandas de seu negócio e ajudará com sua produtividade. Experimente criar um plano como esse toda sexta-feira, programando-se para as tarefas da semana seguinte. Isso mudou meu jogo e me ajuda até hoje a fazer muito mais em menos tempo. Mas é importante salientar que o território pode ser bem diferente do mapa, por isso use o plano como um guia, não fique obcecada por sua execução fiel. Quase sempre, vai haver discrepância entre o planejado e a ação de fato.

Respeite sua velocidade, use o que a estimula para manter sua energia e elimine o que a faz perder tempo. Estimando quanto pode fazer sem drenar sua energia, terá plena consciência de sua capacidade de entrega.[44]

Um Plano de Identidade Poderoso pode levar muito tempo para se consolidar, mas não o abandone no meio do caminho. Ele será o veículo para levar sua mensagem ao mundo e ajudará a defender a causa em que acredita. Use-o como sua bandeira e defenda-o com a mesma energia com que defenderia sua família. Ele é o passaporte para os resultados que almeja em seu negócio e para o reconhecimento que merece por todo seu esforço e dedicação.

PARA ACESSAR, BASTA APONTAR A CÂMERA DE SEU CELULAR PARA O QR CODE AO LADO OU DIGITAR O LINK ABAIXO PARA DESCOBRIR O QUE FALAREMOS NO CAPÍTULO 9.

https://www.youtube.com/shorts/mZN2fm8i2Uo

---

[44] SUTHERLAND, J; SUTHERLAND, J. J. **Scrum**: a arte de fazer o dobro do trabalho na metade do tempo. Rio de Janeiro: Sextante, 2019.

Capítulo 9

DEIXE SEU LEGADO,
mulher poderosa

Como sua mentora nessa jornada, estou muito orgulhosa de você ter chegado até aqui. As páginas lidas lhe permitiram enxergar com clareza quais bloqueios você precisa trabalhar diariamente para neutralizar, pois reconhecer e aceitar são os primeiros passos para a superação. Sobretudo, o que espero, sinceramente, que aconteça a partir de agora é que use suas habilidades em seu potencial máximo, permita-se sentir a leveza de viver livre da necessidade de aprovação que a separa da plenitude.

Sentir-se plena é resultado da composição de duas liberdades: a emocional e a financeira.

A liberdade emocional começa com o desapego. Desapegue-se emocionalmente de filhos, cônjuge, funcionários ou quem quer que seja. Você não merece viver frustrada por não ter suas expectativas correspondidas ou o contrário. Esperar do outro atitudes baseadas em expectativas que criamos em nossa mente prejudica ambos os lados de um relacionamento. Você se torna livre à medida que se desliga do outro. Isso não quer dizer que deva ser indiferente, mas que compreenda que não é de responsabilidade sua a felicidade de mais ninguém além da sua própria.

As pessoas devem querer estar com você simplesmente pelo que você é. Liberdade emocional significa saber amar, envolver-se de maneira equilibrada, com atitudes saudáveis e compreensivas, respeitando sua individualidade e compreendendo que você é a pessoa mais importante de sua vida, deixando o outro livre para decidir que caminho seguir.

Não se importe tanto com coisas que não farão diferença na sua vida com o passar do tempo. Lide com a vida de maneira leve. O modo como rege suas emoções dita seus comportamentos, e a maneira como age ao longo da vida determina o legado que deixará no coração das pessoas.

A segunda liberdade, a financeira, é o que dá os meios necessários para você ser exatamente como é e fazer somente o que a deixa feliz. Para cada pessoa deste mundo, essa liberdade tem um valor diferente. O meu custo de vida *versus* quantos anos tenho de expectativa de vida podem sugerir um objetivo. Mas há pessoas que sonham com uma vida de consumo diferente da que possuem hoje, e isso faz com que o cálculo mude.

Independentemente de qual seja seu objetivo, a liberdade financeira oferece as ferramentas para dar voz à sua mensagem e amplificá-la. O caminho para conquistá-la é encontrar o meio de devolver para o mundo o superpoder com o qual a natureza a presenteou. Quando o objetivo é ajudar as pessoas, o universo se encarrega de lhe mandar de volta o bem que você proporcionou para o outro. Quando a entrega é feita com verdade, energia e consistência, o legado material existirá, mas será pouco em comparação com a diferença que anos de seu trabalho farão pela humanidade.

Desde pequena, ela ouviu sua mãe a repreender por falar muito, por falar alto, por conversar até com quem não conhecia. Em sua vida profissional, muitas vezes enfrentou situações difíceis por ter feito confidências a colegas em quem confiava e essas informações terem sido usadas contra ela. Seu poder de comunicação foi muito julgado ao longo de toda sua vida, as críticas minaram seu jeito espontâneo e divertido de ser, que deu lugar a um temperamento duro e uma comunicação limitada.

Quando se tornou empresária, participava de eventos, assistia a palestras e sentia uma chama em seu coração, uma voz lhe dizia que poderia dividir com as pessoas tudo que havia aprendido ao longo dos anos empreendendo. Essa voz em sua mente a convencia de que ela estava preparada e merecia o reconhecimento de estar em um palco contando sua história. Seu superpoder era exatamente aquilo que ela foi obrigada a reprimir, e, ao não usá-lo, sua vida ficou vazia e sem significado. Para deixar seu legado, ela precisava se expor usando seu poder de comunicação, mas não sabia se era capaz de fazer isso, já que passou a vida toda tentando sufocar essa habilidade.

A plenitude chegou quando aprendeu que precisava fazer as pazes com o passado, libertar-se dessas amarras, arregaçar as mangas e colocar em prática seu plano para desenvolver suas habilidades. Foram longos anos de trabalho consistente para que seu Plano de Identidade Poderoso se consolidasse. Os convites para palestras começaram a surgir e, com o tempo, foram se intensificando. Ela viajou por vários países, levando suas experiências com os resultados incríveis que alcançou com seu negócio e, hoje, palestra para empresas ao redor do mundo – este virou seu segundo negócio, que lhe rende um excelente faturamento e, acima de tudo, a sensação de estar fazendo algo para tornar o mundo um lugar melhor.

Todos os dias, quando acordamos, nosso maior desejo é fazer a coisa certa para que o negócio prospere, para prover um futuro confortável para nossa família, mas, acima de tudo, o que buscamos é ser inspiração para quem nos conhece. É exatamente por isso que você não pode continuar como estava antes de iniciar esta leitura.

Não posso permitir que feche este livro sem estar completamente decidida a colocar em prática tudo que aprendeu até aqui, por isso tenho uma pergunta poderosa para lhe fazer: o que você perderá se não colocar em prática o que aprendeu? Do que vai se privar e do que vai privar sua família se não fizer o que precisa ser feito?

Em 2018, quando decidi largar uma carreira promissora como *trainer* de uma das maiores escolas de formação de coaching do país, o medo era gigantesco. Eu era palestrante de uma instituição renomada e, por três dias ministrando um treinamento de formação, ganhava o equivalente a quase quatro salários mínimos. Lutei muito por aquele espaço, estudei e me dediquei por cerca de dois anos para merecer aquela vaga. A conquista foi suave e gradativa, e, quando finalmente consegui, sentia-me confortável. O feedback que recebia – e que recebo até hoje de alunos daquela época – me fazia acreditar que estava cumprindo minha missão, que aquele era meu lugar.

Mas algo em mim estava aprisionado, sufocado por padrões excessivamente formais estabelecidos por terceiros. Meu superpoder era usado de maneira regrada. Minha espontaneidade, minha música e toda minha energia eram abafadas por terninhos e slides com conteúdos criados por outra pessoa. Eu sempre gostei muito de estudar e sempre o fiz

SENTIR-SE PLENA É RESULTADO DA COMPOSIÇÃO DE DUAS LIBERDADES: *a emocional e a financeira.*

com intensidade, mas aquela situação confortável me desestimulava; eu repetia, semana após semana, exatamente o mesmo conteúdo.

Aquilo estava me consumindo aos poucos e despertando um incômodo. Se eu saísse, precisaria criar minha própria marca, falar em meu nome. Tinha pesadelos com pessoas dizendo: "Mas de que empresa ela é? Não confio em uma mulher desconhecida para me treinar ou treinar minha equipe". Precisei de coragem para colocar minha foto em outdoors por todo o estado e fazer o que precisava ser feito. Eu já gerava transformação na vida das pessoas antes mesmo de agir com minha essência, e, se meu propósito era causar um impacto positivo, não havia como dar errado. Tracei um plano de ação e ousei me aventurar. As portas começaram a se abrir em uma velocidade absurda, e tudo que posso dizer é que, enquanto eu escrevo este livro, penso em como a Uliana criança está orgulhosa da mulher que ela se tornou.

==Você não precisa se oprimir e muito menos esconder o que sente de quem quer que seja. Chega de se culpar por ser quem você é. Ativando o que está guardado aí há tanto tempo, alcançará a liberdade que tanto almeja.== A vida é curta demais para vê-la passar às margens de si mesma, enxergando-se em preto e branco, sem cor, sem brilho, enquanto o brilho e as cores de que precisa estão dentro de você. Acredite que é merecedora, lute pelo que quer e degustará doses de felicidade em taças de cristal em diversas partes do mundo.

"Uliana, o que devo fazer primeiro?"

Pare de alimentar seu sabotador e ele morrerá. Você já sabe como ele age em sua mente, então pare de fomentá-lo. Nutrir pensamentos de medo, culpa ou incapacidade só fortalece seu inimigo. Busque se conectar com sua fé e com o que a faz se sentir mais confiante em seu potencial. Nunca vi conquistar a vitória um time

Deixe seu legado, mulher poderosa

que entrou em campo pensando em derrota. O primeiro passo é restaurar a fé em si mesma. E, logo em seguida, entrar em ação.

Já vimos o quanto a Energia é importante no processo. Não se esqueça de que **VENDA É ENERGIA**.

"Uliana, mas quanto de energia é preciso aplicar?"

Depende do tamanho do retorno que espera. Tem gente que faz pequenos movimentos e espera ter, como resposta do Universo, movimentos monumentais. Aprenda esta lição: sua recompensa será diretamente proporcional à quantidade de energia aplicada ao movimento. Quanto maiores forem sua dedicação e seu empenho de maneira focada e estratégica, mais rápido atingirá seu objetivo. Você se torna muito mais produtiva com poucas horas de trabalho de maneira concentrada do que com muitas horas trabalhando de maneira dispersa. Quanto maior a energia aplicada em ações no campo de batalha, maior o retorno. E, quanto antes entrar em ação, tão logo se iniciará o tempo da colheita.

Blinde seus ouvidos, evite pessoas que reclamam excessivamente; elas nos fazem acreditar que somos reféns do destino, vítimas do acaso, quando, na verdade, somos nós que traçamos nosso futuro a partir das escolhas que fazemos hoje. Cerque-se de positividade. Cultive em você somente o que a aproxima da energia da fé. Ensine a outras pessoas o que está aprendendo, apoie pequenos negócios de outras mulheres, estimule-as a integrar nosso movimento de empoderamento e prosperidade. Lembre-se de que evoluir sozinha não vai gerar no mundo o impacto de que precisamos. Assim como eu decidi dedicar minha vida a fazer outras mulheres ativarem seu superpoder, convido-a a fazer o mesmo. Seremos maiores e mais fortes caminhando juntas e não deixaremos ninguém para trás.

Nosso legado será um mundo em que o mercado profissional terá portas abertas para nossas filhas, para que elas não precisem pensar mil vezes se devem ou não usar um decote por medo de assédio, para que elas tenham condições salariais semelhantes às dos homens, para que possam empreender utilizando seus superpoderes, para que sejam respeitadas por sua competência sem julgamento, para que possam crescer plenas e livres para ser o que escolherem, sem padrões pré-moldados como os que enfrentamos. Quando uma mulher ergue sua voz em prol de libertação, outros milhares ao redor se beneficiam com sua coragem. Somos as precursoras de um movimento que vai tomar conta dessa geração e libertar as próximas que virão.

Você já aprendeu quão importante é a ação em direção aos seus sonhos. Então não pare! Tenho certeza de que você é plenamente capaz, basta olhar para tudo que conquistou até aqui, e não me refiro só aos negócios ou bens materiais, mas a todas as pessoas que fazem parte de sua família e equipe. Elas também são conquistas suas. Permaneça firme, pois o que a torna forte não é o que você sabe ou tem, mas o quanto já apanhou das circunstâncias e as lições aprendidas com isso.

Eu acredito em você! Sei que já tomou a decisão de ir até o fim para conquistar a vida dos seus sonhos por meio de seu negócio. Sei disso porque, se você chegou até aqui, tem realmente alma empreendedora, uma chama acesa aí dentro, e desistir nunca foi uma opção. É por isso que carrego como lema a frase: **Atitudes mudam histórias**.

Chegou a hora! Você sabe exatamente o que precisa ser feito, passo a passo. Basta decidir começar. Mas não é dizer que vai fazer "um dia". Essa data não existe em nenhum calendário. O que não tem

Deixe seu legado, mulher poderosa

data para começar ficará guardado na gaveta do esquecimento, e um mundo extraordinário continuará à espera. Essa decisão precisa ser tomada todos os dias no café da manhã, só assim será possível seguir o que aprendeu e manter o foco. Honrar o que promete a si mesma é o caminho da integridade, isso só acontece quando o discurso e a atitude estão em harmonia. Preserve sua consciência e faça exatamente como prometeu a si mesma; levante-se e lute como uma garota.

Não tenha dúvida de que todo seu esforço será recompensado e de que, daqui a um ano, você se orgulhará de ter começado hoje. Gerar impacto social positivo faz um bem enorme ao coração, além de gerar uma corrente do bem. Quem recebe uma boa ação, seja em forma de produto, serviço ou caridade, e tem a vida transformada por seu superpoder é contaminado por uma energia de gratidão. Quanto mais pessoas forem tocadas por essa onda, maior será seu impacto na comunidade. Se cada uma de nós, por meio de nosso trabalho, puder fazer do nosso pequeno universo um lugar melhor, logo tornaremos o mundo um lugar extraordinário. Se todas nós, as Donas do Negócio, assumirmos a missão de sermos 1% melhor todos os dias, por nós, por nossos filhos e em nome de nossas famílias, conseguiremos transformar o mundo em uma comunidade de paz, respeito e prosperidade.

PARA ACESSAR, BASTA APONTAR A CÂMERA DE SEU CELULAR PARA O QR CODE AO LADO OU DIGITAR O LINK ABAIXO PARA DESCOBRIR O QUE FALAREMOS NO CAPÍTULO 10.

https://www.youtube.com/watch?v=8IXaA3YzIUE

Capítulo 10

ESCREVA SEU NOME NA
história

Você está chegando ao fim da nossa jornada! Já parou para pensar que isso, por si só, é uma grande evolução? Sua energia de disciplina já não é mais a mesma, tendo em vista todos os livros que, ao longo da vida, começou e abandonou antes de finalizar ou os outros inúmeros exemplares que comprou e nunca leu. Você tem tanto o que fazer em sua rotina que poderia simplesmente ter abandonado este livro – seria muito compreensível – e continuado com os mesmos resultados. Mas você decidiu ir até o fim, e isso demonstra que já entrou em ação e evoluiu. Essa é a atitude de uma mulher que está designada a uma vida abundante e incrivelmente extraordinária por ter ativado seu superpoder.

Ativar seu superpoder é honrar sua jornada e compreender como ela e todas as suas experiências de vida a trouxeram até aqui. Este é o único momento do qual tem controle, o agora é a única certeza, e aqui você é capaz de programar a vida que deseja ter. O que pode fazer hoje para mudar sua história? Como vai reagir hoje diante dos desafios de sua mente? O que pode fazer hoje para vencer seus medos?

Você só precisa se preocupar em vencer seus bloqueios hoje. Só precisa usar suas habilidades hoje! Só precisa ativar seu superpoder hoje! Um dia de cada vez, 1% melhor todo dia. Sem o peso do longo prazo, sem a cobrança dos resultados. Este é o momento da virada em que você tomará a atitude que mudará sua história e a de todos que ama.

==Você tem, em suas mãos, o passo a passo e todo o conhecimento de que precisa para ser a mulher que sempre sonhou, e tenho certeza de que toda essa potência ainda não havia se agigantado por você não acreditar que o caminho era seguro.== Mas, depois de ler tantos casos reais de mulheres que foram além por ativarem seus superpoderes, em sua mente, isso já se tornou possível para você também.

Não permita que essa energia realizadora se esvaia entre uma tarefa e outra de sua rotina. Inclua, em sua agenda, as metas, as tarefas e os exercícios para a estreia de sua nova marca pessoal. Prepare as pessoas para esse novo ciclo que se inicia. Para gerar expectativas para esse novo momento de sua vida, use a estratégia da antecipação. Comece a dizer que coisas novas estão por vir, mostre os bastidores de sua mudança de visual, da preparação de sua nova marca ou de seu ensaio fotográfico. Prepare o ambiente para que as pessoas recebam sua nova versão e estimule outras mulheres a fazer o mesmo.

PIRÂMIDE DO SUPERPODER

Antes de partir para a ação, perceba o que compõe cada fase da construção de sua marca para construir seu negócio sobre bases sólidas, para entender o que de fato deixará como legado. Como em toda construção, você precisa se erguer da base para o topo, garantindo que cada um desses níveis seja elaborado de maneira sólida e segura. Orgulhe-se de cada etapa já construída e empodere-se para viver a seguinte!

1. Você

Cuide de si com o carinho e o cuidado que merece. Pratique um exercício físico que lhe dê prazer e, de quebra, faça-a perder calorias. Mime-se, saia para passear por aí em sua companhia, sem destino, para tomar um sorvete, ir ao cinema, tomar um café em uma livraria ou passe uma tarde na varanda ao som de uma boa música. Silencie sua mente para se reconectar com a força maior do Universo que mora dentro de você. Alimente sua fé e nunca se esqueça de que você nunca estará sozinha, sua mente é seu lar.

Valorize seus atributos e habilidades; construa o arquétipo de personalidade de sua marca para que as pessoas se inspirem. Viva intensamente cada ciclo de sua vida e guarde, de cada um, as lições mais importantes, deixando para trás o que gera culpa e medo. De cada ciclo, leve com você as pessoas positivas e que a fazem se sentir forte e capaz e, das demais, não guarde nem os nomes.

E, agora que começou, mantenha o ritmo. A vida é uma dança, e você já está bailando no salão, então ouça a música, mantenha o sorriso e não perca o compasso. Na vida, assim como na dança, a felicidade não está no destino, e sim na jornada. Aproprie-se do palco com firmeza, abrace o novo e divirta-se.

2. Sua marca

Suas crenças fortalecedoras fazem de você uma mulher extraordinária. Os valores nobres que cultiva tornam a colheita infalível, pois quem trabalha com afinco de maneira caridosa e benéfica ao próximo recebe de volta o bem. Seu coração generoso é digno de toda honra por tantos sacrifícios para prover e proteger quem ama.

Pare, imediatamente, de desperdiçar grandes oportunidades por não acreditar em suas ideias. Valorize cada um de seus insights e não sossegue até testá-los. Todas as experiências que viveu construíram em sua mente cada uma dessas ideias. Não as trate como coisas de pouco valor nem as coloque no arquivo do "um dia". Você já sabe que esse dia não chegará. Basta que uma dessas ideias seja executada e bem-sucedida para sua vida mudar.

Cuide de sua aparência, de seu discurso e de sua performance como uma artista. Venda antes mesmo de abrir a boca. Use sua logomarca com orgulho e elegância. Ostente seu elemento de iden-

PARE, IMEDIATAMENTE, DE DESPERDIÇAR GRANDES *oportunidades* POR NÃO ACREDITAR EM *suas ideias.*

tidade como um amuleto da sorte. Preocupe-se com os detalhes e, rapidamente, notará a diferença na valorização de sua marca. Seja vaidosa em ostentar suas habilidades. Você está pronta para escrever seu nome na história.

3. Seu negócio

Viva de maneira curiosa e tenha sede de inovação; ela é a chave de um mundo distante de concorrentes e cheio de novas possibilidades. O mercado é sedento por novidades e sua mente é uma fábrica de ideias inovadoras, o casamento perfeito para você ganhar dinheiro.

==Valorize seu time, pois é impossível crescer sem uma boa equipe.== Aprenda a admirar os atributos e habilidades dos outros, assim será mais fácil se desapegar das tarefas operacionais e delegar sem tanto sofrimento. Acredite, é possível alcançar a excelência mesmo que não seja você mesma executando as tarefas. Seja grata se você tem pessoas trabalhando com amor e dedicação para que seu sonho aconteça. Não cobre pelo que não ensinou, muito menos exija de seu time o que você não pratica.

Não tenha vergonha de mostrar o que sabe, muito menos de cobrar o preço justo pelo que faz. Modéstia é para quem ainda não conhece toda a potência de seu superpoder. Só tem medo de dar o preço certo ao seu produto/serviço quem tem baixa autoestima, e você já passou da fase "Empreendedora" insegura; agora é uma "Empresária" que sabe muito bem seu valor e quanto custa sua hora de trabalho para manter o negócio de pé. Chegou a hora de ver brilhar a prosperidade em sua vida. O início de um novo momento com experiências abundantes a espera. E, para isso, é preciso vender cada vez mais, com facilidade, alegria e glória nesse novo ciclo.

Você é uma máquina de resolver problemas quase infalível, mas não é por isso que vai continuar abraçando os problemas dos outros. Você já tem os seus em volume suficiente. De hoje em diante, cuide somente dos seus e permita que os outros aprendam suas lições e cresçam com seus próprios erros e acertos. Essa é a maneira mais generosa de amar. É dolorido em curto prazo, mas as pessoas se habituam e logo voltam a amá-la, dessa vez pelo que você é, e não pelo que pode proporcionar a elas.

Chegou a hora de entrar para o rol de mulheres empresárias que deixam sua marca no mundo por meio de seus negócios.

4. Seu legado

Tudo que deixará como herança neste mundo precisa ser construído agora: seus filhos, seu negócio, uma árvore frondosa, um projeto social, boas lembranças e histórias. Suas ações precisam ser direcionadas para o cenário que deseja construir. O melhor momento é este, o melhor lugar é aqui, e os melhores recursos são os que já possui. A construção de seu legado não pode esperar.

Se não está satisfeita com as coisas como são feitas, lembre-se: é você quem cria as regras. Sua maneira de ser sempre se destacou na multidão, e, com pleno comando de seu superpoder, ninguém pode detê-la.

DIVIDINDO O VOO

É hora de voar, mas não se esqueça de valorizar quem está ao seu lado desde as vacas magras. Eu tenho um parceiro que é capaz de derrubar uma árvore a marretadas para construir um palco para me ver brilhar. Jones não só acredita nas minhas loucuras como, em muitos momentos, financiou-as. Eu tenho muito amor e respeito pelo homem, pai e profissional que ele é. Amo a vida divertida que levamos e, graças ao seu bom humor, até os dias mais difíceis ficam leves.

Todos que nos conhecem comentam que somos a tampa e a panela, até nossas especialidades se complementam: eu em aceleração de vendas, ele em processos de negócios, como Romeu e Julieta, ou o queijo com goiabada que ele adora. Brincadeiras à parte, meu marido é fundamental em meu processo de evolução. Somos sócios e temos discussões acaloradas sobre os negócios, porém, quando acaba o expediente, tudo fica no escritório. Ele me instiga a melhorar todos os dias, a pensar por outras perspectivas. Geralmente, fico brava, mas sei que isso é muito importante para a saúde da empresa.

Quando quem divide a vida com você também acredita em seus sonhos e no caminho que deseja trilhar, reconheça e agradeça!

Gratidão por ter feito a leitura deste livro até o fim. Pode colocar mais essa conquista na sua estante de troféus, pois essa não é uma tarefa fácil em um mundo repleto de distrações. Escrevi aqui tudo que eu gostaria de ter lido quando iniciei minha jornada empreendedora. Espero encontrá-la um dia e ouvir sua história de realizações e de como tornou seu mundo um lugar extraordinário depois que colocou em prática tudo que leu aqui.

Convido-a a conhecer a plataforma A Dona do Negócio, com conteúdos novos e exclusivos todo mês, e a viver a imersão presencial A Dona do Negócio, um encontro de mulheres de vários lugares do país e alguns lugares do mundo que constrói laços necessários para fortalecer os negócios e nossos corações e que, além de um treinamento de muitos aprendizados, é de uma energia surreal. O evento acontece duas vezes ao ano para planejarmos o semestre e realinharmos os 3Es – Energia, Evolução e Estratégia. Saímos da imersão completamente energizadas para encarar o semestre e acelerar o crescimento dos negócios.

Este é seu momento de brilhar. Afinal, depois de tudo que passou para chegar até aqui, você merece ser reconhecida por seus resultados. Eu me sinto muito honrada por ter você como embaixadora da nossa comunidade e conto com toda sua energia para trazer com você todas as mulheres que conseguir. Aprendi que de nada adianta ser luz se não iluminar o caminho das demais. Juntas vamos ativar o superpoder de milhares de mulheres ao redor do planeta para construirmos um mundo extraordinário!

Este livro foi impresso em papel pólen bold 70 g

pela Gráfica Assahi em outubro de 2022.